Дерек Принс

ПОСОБИЕ
для самостоятельного изучения Библии

«Старайся представить себя Богу достойным,
делателем неукоризненным,
верно преподающим слово истины».

2 Послание Тимофею 2:15

2013

SELF STUDY BIBLE COURSE
Derek Prince

Derek Prince Ministries – International
P.O.Box 19501
Charlotte, NC 28219-9501
USA

ПОСОБИЕ ДЛЯ САМОСТОЯТЕЛЬНОГО ИЗУЧЕНИЯ БИБЛИИ
Дерек Принс

Переведено и издано
Служением Дерека Принса на русском языке
Translation and publication by Derek Prince Ministries – Russian

Вы можете написать нам по адресу:

Служение Дерека Принса
а/я 72
Санкт-Петербург
191123
Россия

Служение Дерека Принса
а/я 3
Москва
107113
Россия

ISBN-13: 978-1-78263-054-8
ISBN-10: 0-88368-750X

Вы можете обратиться к нам через интернет:
info@derekprince.ru

или посетить нашу страницу:
www.derekprince.ru

DEREK
PRINCE
MINISTRIES
RUSSIAN WORLDWIDE

Содержание

ВВЕДЕНИЕ: **КАК ПОЛЬЗОВАТЬСЯ ПОСОБИЕМ**

Прочитайте эту информацию прежде, чем отвечать на вопросы.

Почти во всем мире, где сегодня проповедано Евангелие, есть люди, которые, имея желание вести Христианский образ жизни, тем не менее, слабы, обескуражены, подвержены страху, терпят поражения. В большинстве случаев, причина одна и та же: эти люди так и не научились самостоятельно изучать Слово Божие и практически применять его в повседневной жизни. Вот почему в книге пророка Осии Бог говорит: «Истреблен будет народ Мой за недостаток ведения» (Осия 4:6). Когда мы познаем Библейские истины и применяем их в практической жизни, результат налицо: мир, победа, успех, результативность.

⊙ ЦЕЛЬ ДАННОГО ПОСОБИЯ
Данное пособие для самостоятельного изучения Библии преследует четыре цели:
1. Дать Вам основы Библейских знаний, которые станут фундаментом для строительства сильной и крепкой Христианской жизни;
2. Привить Вам навык в исследовании Писания и нахождении Божьих обетований;
3. Научить Вас анализировать стихи Писания, с целью нахождения для себя их правильного значения;
4. Сформировать в вас привычку принимать только те духовные вещи, которые находят своё подтверждение в Библии.

⊙ СИСТЕМА БИБЛЕЙСКИХ ССЫЛОК
Цитаты из Священного Писания приводятся из Синодального издания русского перевода. Вы должны научиться находить книги Библии и понимать систему принятых сокращений (см. «КЛЮЧ К СОКРАЩЕННЫМ НАЗВАНИЯМ КНИГ БИБЛИИ» на стр. 7).

Отрывки из Библии приводятся следующим образом: во-первых, название книги; во-вторых, глава; в-третьих, стих. Например, Рим. 3:23 указывает на послание к Римлянам, глава 3, стих 23. Или, например, 1 Иоан. 2:14 говорит о Первом послании Иоанна, главе 2, стихе 14. В ссылках на те книги, в которых нет глав, номер стиха следует непосредственно за названием книги. Например, 3 Иоан. 2 — это третье послание Иоанна, стих 2.

⊙ СЛОВАРЬ ЗНАЧЕНИЙ
В конце книги можно найти небольшой словарь значений некоторых слов. Заглядывайте туда, если не знаете, или не понимаете полностью значения слова. Слова, включенные в словарь отмечены звездочкой (*).

⊙ КАК ОСУЩЕСТВЛЯТЬ ОБУЧЕНИЕ
В начале каждого задания имеется небольшой абзац, озаглавленный «Введение», в котором сжато излагается суть изучаемой темы. Всегда внимательно читайте «Введение» прежде, чем пытаться отвечать на вопросы.

Первое занятие («ЗАНЯТИЕ № 1: БИБЛИЯ – СЛОВО БОЖЬЕ») содержит 24 вопроса. К каждому вопросу, в скобках, приводится ссылка (или несколько) на стихи Писания. Записывайте свой ответ на линейках, отчерченных после каждого вопроса. Придерживайтесь следующего порядка:
1. Внимательно прочитайте вопрос.
2. Найдите и внимательно прочитайте отрывки из Писания, ссылки на которые приведены в скобках, пока не найдете в них ответ на вопрос. Возможно, вам необходимо будет прочитать стихи, которые находятся выше и ниже указанного отрывка для получения полного представления о смысле стиха.
3. Запишите простым языком ответ, который вы нашли.

Иногда ответ на один вопрос разбит на две или более частей. В подобных случаях пространство для каждой части вопроса пронумеровано.

В качестве примера, ниже, вы найдете первые два вопроса из Занятия №1 с вписанными правильными ответами.

1. Как назвал Писания Иисус? (Иоан. 10:35)

   Словом Божьим

2. Какие слова Иисуса говоря оритете Писания? (Иоан. 10:35)

   Оно не может быть нарушено

При ответе на вышеуказанные вопросы, не переписывайте просто эти ответы. Сначала прочитайте указанные отрывки и выработайте свой собственный ответ. Продолжайте отвечать на остальные вопросы до тех пор, пока не закончите все задание.

☉ НАИЗУСТЬ!

В начале каждого задания приводится отрывок из Писания, который Вы должны выучить наизусть.

Для вашего удобства, карточки со стихами, которые необходимо выучить, напечатаны в конце «Пособия». Носите эти карточки с собой везде. Каждый раз, когда у вас есть свободная минутка, повторяйте эти стихи. Регулярное повторение это ключ к прочному запоминанию. Таким образом, вы выучите Божье Слово наизусть. И это Слово будет обеспечивать вам водительство, укреплять вас, давать духовную пищу, помогая одерживать победу над дьяволом и являясь тем семенем, которое вы сможете сеять в сердцах других.

☉ МЕТОДИКА РАБОТЫ НАД ПОСОБИЕМ

Впишите свои ответы на все вопросы занятия №1, а затем, закрыв Библию, впишите, в свободное пространство в конце, отрывок, который вы выучили наизусть. После этого откройте страницу с Правильными ответами к данному занятию, чтобы проверить свою работу. Если Ваш ответ не совпадает с соответствующим правильным ответом, снова прочитайте как вопрос, так и соответствующее место из Писания, пока не поймете логику правильного ответа.

На следующей странице Вы увидите примечания к правильным ответам. Уделите время, чтобы прочесть эти примечания и отрывки из Писания, которые там приводятся.,

Наконец, оцените Вашу собственную работу, поставив напротив каждого своего ответа тот балл, который вы заслужили. Если ответ оценивается более, чем одним баллом, не проставляйте себе полное количество баллов до тех пор, пока Ваш ответ не будет таким же полным, как и Правильный Ответ. Помните, что большое значение имеют отметки за заучивание наизусть!

Подсчитайте общее количество баллов за Занятие №1, сверьте эту цифру по трем стандартам, приведенным в конце страницы Правильных Ответов. 50% или более оценивается как «Сдано»; 70% или более — как «Очень хорошо»; 80% или более — как «Отлично».

Метод для занятий №18 и №20 немного отличается, но это четко объясняется в начале каждого из этих занятий.

Помните, что Вы не должны смотреть в Правильные Ответы до тех пор, пока не напишете свой собственный ответ на каждый вопрос, включая стих на запоминание!

Закончив последнее Задание, обратитесь к странице, озаглавленной «Отметки за курс». Впишите все отметки за все задания в соответствующее пространство, подсчитайте общее количество — это и будет общей оценкой за весь Курс.

☉ ЛИЧНОЕ НАПУТСТВИЕ

1. Начинайте каждое Занятие с молитвы, прося Бога о водительстве и разумении.
2. Не торопитесь. Не пытайтесь закончить весь курс за один присест. Прочитайте отрывок из Писания несколько раз, до тех пор, пока не удостоверитесь, что понимаете его. Часто полезно также прочитать несколько стихов до и после каждого отрывка, чтобы полностью уловить его смысл.

3. Пишите аккуратно и разборчиво. Будьте кратки и не разливайтесь мыслью по древу. Пользуйтесь хорошо заточенным карандашом или шариковой ручкой.
4. Обратите особое внимание на отрывки для заучивания наизусть.
5. Ежедневно молитесь, чтобы Бог помог Вам применять в жизни те истины, которые Вы познаете.

❂ СОКРАЩЕННЫЕ НАЗВАНИЯ КНИГ БИБЛИИ

КНИГИ ВЕТХОГО ЗАВЕТА		
1. ЗАКОН	Бытие	Быт.
	Исход	Исх.
	Левит	Лев.
	Числа	Числ.
	Второзаконие	Втор.
2. ИСТОРИЧЕСКИЕ КНИГИ	Иисус Навин	Иис. Н.
	Книга Судей	Суд.
	Руфь	Руф.
	1-я Царств	1 Цар.
	2-я Царств	2 Цар.
	3-я Царств	3 Цар.
	4-я Царств	4 Цар.
	1-я Паралипоменон	1 Пар.
	2-я Паралипоменон	2 Пар.
	Ездра	Ездр.
	Неемия	Неем.
	Есфирь	Есф.
3. ПОЭТИЧЕСКИЕ КНИГИ	Иов	Иов.
	Псалтирь	Пс.
	Притчи	Прит.
	Екклесиаст	Еккл.
	Песнь песней Соломона	Песн.
4. БОЛЬШИЕ ПРОРОКИ	Исайя	Ис.
	Иеремия	Иер.
	Плач Иеремии	Плач.
	Иезекииль	Иез.
	Даниил	Дан.
5. МАЛЫЕ ПРОРОКИ	Осия	Ос.
	Иоиль	Иоил.
	Амос	Ам.
	Авдий	Авд.
	Иона	Иона
	Михей	Мих.
	Наум	Наум.
	Аввакум	Авв.
	Софония	Соф.
	Аггей	Агг.
	Захария	Зах.
	Малахия	Мал.

КНИГИ НОВОГО ЗАВЕТА		
1. ЕВАНГЕЛИЯ	От Матфея	Мат.
	От Марка	Мар.
	От Луки	Лук.
	От Иоанна	Иоан.
2. ИСТОРИЧЕСКАЯ КНИГА	Деяния Святых Апостолов	Деян.
3. ПОСЛАНИЯ АПОСТОЛА ПАВЛА	К Римлянам	Рим.
	1-е Коринфянам	1 Кор.
	2-е Коринфянам	2 Кор.
	К Галатам	Гал.
	К Ефесянам	Ефес.
	К Филиппийцам	Фил.
	К Коллосянам	Кол.
	1-е Фессалоникийцам	1 Фес.
	2-е Фессалоникийцам	2 Фес.
	1-е Тимофею	1 Тим.
	2-е Тимофею	2 Тим.
	К Титу	Тит.
	К Филимону	Филим.
	К Евреям	Евр.
4. ОБЩИЕ ПОСЛАНИЯ	Иакова	Иак.
	1-е Петра	1 Пет.
	2-е Петра	2 Пет.
	1-е Иоанна	1 Иоан.
	2-е Иоанна	2 Иоан.
	3-е Иоанна	3 Иоан.
	Иуда	Иуда.
5. ПРОРОЧЕСКАЯ КНИГА	Откровение	Откр.

ЧАСТЬ 1

ОСНОВЫ

ЗАНЯТИЕ №1: **БИБЛИЯ - СЛОВО БОЖЬЕ**

Введение:

Библия является Словом Самого Бога, Его великим даром всему человечеству во всех уголках земли. Этот дар был дан, чтобы помочь людям выбраться из пучины греха, скорбей и тьмы.

Библия – необычная книга. Все слова в ней истинны. Она исполнена власти и силы Самого Бога. Люди, писавшие ее, были вдохновлены Святым Духом, передавая истину в неискаженном виде так, как Сам Бог открывал ее им.

Мы должны читать Библию так, как будто Сам Бог говорит с нами лично и непосредственно. Через Свое Слово Господь обеспечит нас множеством благ:

- светом,
- пониманием,
- духовной пищей
- телесным здоровьем.

Слово Божье властно:

- очистить нас,
- освятить* (отделить для Бога),
- укрепить,
- сделать нас причастниками Божьего естества
- дать нам силу и мудрость для победы над дьяволом.

❗ *Отрывок для заучивания наизусть: 2 Тим. 3:16, 17*

☐ *Поставьте галочку, когда выучите отрывок наизусть*

⬡ ВОПРОСЫ К ЗАНЯТИЮ

1. Как назвал Писания Иисус? (Иоан. 10:35)
   _____

2. Какие слова Иисуса говоря оритете Писания? (Иоан. 10:35)
   _____

3. Что говорит о Слове Божьем Давид?
   (1) (Пс. 118:89) _____
   (2) (Пс. 118:160) _____

4. Как изначально были даны Писания?
   (1) (2 Тим. 3:16) _____
   (2) (2 Пет. 1:20-21)_____

5. Какое семя должно попасть в сердце человека, чтобы он родился свыше и имел жизнь вечную*? (1 Пет. 1:23)
   _____

6. Назовите 4 пункта в которых Писание полезно для христианина (2 Тим. 3:16).
   (1) _____ (2)_____
   (3) _____ (4)_____

7. Каковы результаты изучения Слова Божьего и послушания ему в жизни христианина? (2 Тим. 3:17)
   _____

8. Какую духовную пищу Бог приготовил для своих детей? (1 Пет. 2:2); (Мат. 4:4)
   _____

9. Насколько Иов ценил Слово Божье? (Иов. 23:12)
   _____

10. Чем стало для Иеремии Слово Божье, когда он вкусил его? (Иер. 15:16)
    _____

11. Как молодому христианину проводить жизнь в чистоте? (Пс. 118:9)

_____

12. Почему христианин должен хранить Слово Божье в своем сердце? (Пс. 118:11)

_____

13. Какие результаты дает Слово Божье, пребывающее в молодых людях? (1 Иоан. 2:14)
    (1) _____
    (2) _____

14. Как отвечал Иисус на каждое искушение от дьявола? (Мат. 4:4, 7, 10)

_____

15. Что за меч дал Бог христианам в качестве одного из элементов их духовного снаряжения? (Ефес. 6:17)

_____

16. Какие два описания используются в в 118 Псалме, чтобы показать, как Слово Божье помогает хождению христианина в этом мире? (Пс. 118:105)
    (1) _____
    (2) _____

17. Какими двумя способами Слово Божье воздействует на ум христианина? (Пс. 118:130)
    (1) _____ (2)_____

18. Что дает внимательное изучение Слова Божьего телу христианина? (Прит. 4:20-22)

_____

19. Что посылал Бог для исцеления и освобождения* своего народа, когда они были больны и нуждались? (Пс. 106:20)

_____

20. Перечислите четыре вещи, которые, согласно следующим стихам, Слово Божье делает для народа Божьего?
    (1) (Иоан. 15:3); (Ефес. 5:26) _____
    (2) (Иоан. 17:17) _____
    (3) (Деян. 20:32) _____
    (4) (Деян. 20:32) _____

21. Как христианин доказывает свою любовь к Христу? (Иоан. 14:21)

_____

22. Кого Христос назвал Своей матерью и своими братьями? (Лк. 8:21)

_____

23. Как любовь Божья достигает совершенства в христианине? (1 Иоан. 2:5)

_____

24. Назовите два результата следующих в нашей жизни, когда мы опираемся на обетования Слова Божьего (2 Пет. 1:4).
    (1) _____
    (2) _____

🛈 ***Отрывок для заучивания наизусть: 2 Тим. 3:16, 17***
Напишите этот отрывок по памяти.

_____

_____

🛈 **НЕ ПЕРЕВОРАЧИВАЙТЕ ЭТУ СТРАНИЦУ ДО ТЕХ ПОР,
ПОКА НЕ ОТВЕТИТЕ НА ВСЕ ВОПРОСЫ ДАННОГО ЗАДАНИЯ.**

⬢ ПРАВИЛЬНЫЕ ОТВЕТЫ И ИХ ОЦЕНКИ (В БАЛЛАХ)
ЗАНЯТИЕ № 1

Вопрос №	ОТВЕТ	Баллы
1.	Словом Божьим	1
2.	Оно не может быть нарушено	1
3.	(1) Оно навеки утверждено на небесах	1
	(2) Его основание истинно	2
4.	(1) Вдохновением Духа Святого	1
	(2) Его изрекали «святые Божий человеки», движимые Духом Святым	2
5.	Нетленное (чистое) семя Слова Божьего	2
6.	(1) Научение	1
	(2) Обличение (порицание)	1
	(3) Исправление	1
	(4) Наставление в праведности*	1
7.	Христианин становится совершенным (завершенным, полным), он готов к любому доброму делу	2
8.	Слово Божье	1
9.	Больше, нежели свой насущный хлеб \ свои собственные правила	1
10.	Его сердце возрадовалось и возвеселилось	1
11.	Хранением себя по Слову Божьему	2
12.	Чтобы не грешить против Бога	1
13.	(1) Он делает их сильными	1
	(2) Они побеждают лукавого (дьявола)	1
14.	Он отвечал стихами Писания – написанного Слова Божьего	1
15.	Слово Божье	1
16.	(1) Оно является светильником для его ноги	1
	(2) Оно является светом на его пути	1
17.	(1) Оно просвещает	1
	(2) Оно вразумляет	1
18.	Оно дает здоровье для всего тела	3
19.	Он (Господь) послал Свое Слово	1
20.	(1) Оно очищает – омывает, подобно чистой воде	1
	(2) Оно освящает	1
	(3) Оно назидает (научает)	1
	(4) Оно дает наследие	1
21.	Соблюдением заповедей Христовых	2
22.	Тех, кто слушает Слово Божье и исполняет его	1
23.	Соблюдением Слова Божьего	3
24.	(1) Мы становимся причастниками Божеского естества	1
	(2) Мы удаляемся от мирского растления	1
	Сверьте с Библией точность воспроизведения отрывка для заучивания наизусть. Если Вы воспроизвели дословно, то получаете 4 балла за каждый стих. (За каждую ошибку вычитается 1 балл. Если Вы допустили больше трех ошибок в одном из стихов, то этот стих не засчитывается.)	8
ОБЩИЙ ИТОГ:		**49**
	25 баллов = 50% 34 балла = 70% 39 баллов = 80%	

⊙ ПРИМЕЧАНИЯ К ПРАВИЛЬНЫМ ОТВЕТАМ

ЗАНЯТИЕ № 1. *(Номера с левой стороны страницы соответствуют номерам правильных ответов на предыдущей странице).*

1-2. Совершенно ясно, что Иисус принимал Писания Ветхого Завета безоговорочно и без сомнений, как авторитетное, Богодухновенное Слово Божье. Все Свое учение Он основывал на этих Писаниях и всю Свою жизнь Он посвятил подчинению и исполнению этих Писаний.

3. Слово Божье -- небесного происхождения. Люди были теми каналами, через которые это Слово было дано, но источником является Сам Бог.

4 (1). «Богодухновенно» (2 Тим. 3:16)— дословно «вдохновленное Богом». На древнегреческом и древнееврейском языках, слова «дыхание» и «дух» обозначены одним и тем же словом. (Для более полного изучения Богодухновенности и авторитета Библии рекомендуем обратиться к книге «Твердое основание христианской жизни», часть 1, «Основание веры».)

5. Как действует в нас «нетленное семя» Слова Божьего? Принимаемое в сердце верою и произрастающее там с помощью Духа Святого. В итоге оно порождает Божественную, вечную*, нетленную, жизнь. Нетленная* значит, что она не может испортиться.

6-8. Обратите внимание: «ВСЕ Писание» (2 Тим. 3:16). «ВСЯКОЕ Слово» (Мат. 4:4). Для полноценного духовного развития христианин должен изучать и применять все написанное в Библии.

8-10. Слово Божье является пищей на всякой ступени духовного развития: (1) «молоком» для новорожденных младенцев (1 Пет. 2:2); (2) «хлебом» для тех, кто растет (Мат. 4:4); (3) «твердой пищей» (полноценным питанием) для тех, кто достиг «совершеннолетия» или духовной зрелости (Евр. 5:12-14).

11. Мы должны жить применяя учение Слова Божьего в каждой сфере нашей жизни.

12. Как говорится: «Либо Слово Божье удержит тебя от греха, либо грех удержит тебя от Слова Божьего».

13-15. В Ефес. 6:13-17 Павел перечисляет 6 наименований духовного вооружения, дающего христианину полную защиту, но среди этих шести только один предназначен для атаки — «меч духовный» (ст.17). «Взять» этот меч – Слово Божье – ответственность каждого верующего.

16. Сравните 1 Иоан. 1:7: «Если же ходим во свете...» Тем светом, в котором мы должны ходить, является Слово Божье, которое дает нам возможность ясно видеть свой путь.

17-19. Слово Божье заботиться о духе, разуме и теле Христианина.

20(4). Только через Слово Божье мы можем узнать, (а) каково наше законное наследие во Христе и (б) как его получить.

21-23. Соблюдение Слова Божьего является отличительной чертой ученика Христа... Твое отношение к Слову Божьему говорит о том, как ты относишься к Самому Богу. Ты любишь Бога не больше, чем ты любишь Его Слово. Ты настолько подчиняешься Богу, насколько ты подчиняешься Его Слову. Ты настолько чтишь Бога, насколько ты чтишь Его Слово. Ты уделяешь Богу столько места в своем сердце и в своей жизни, сколько ты уделяешь места Слову Божьему (из книги «Твердое основание христианской жизни», часть 1, «Основание веры». Глава 2).

24. Когда мы верим и подчиняемся Слову Божьему, природа Самого Бога наполняет наши сердца, живет там и заменяет нашу ветхую, подверженную тлению природу Адама.

ЗАНЯТИЕ №2: **БОЖИЙ ПЛАН СПАСЕНИЯ** *(часть 1)*

Введение

Грех - это отношение. Отношение восстания (бунта) внутри каждого из нас, восстания против Бога. Грех выражается в наших внешних поступках и делах, которые создают дистанцию между нами и Богом. Таким образом, все мы являемся грешниками и нашей греховной жизнью крадем у Бога ту славу, которая по праву принадлежит Ему и которой Он заслуживает.

Можно выделить три основных результата или последствия греха:

1. Внутренняя духовная смерть.
2. Физическая смерть.
3. Вечное заточение и мучение во тьме, отделение от Бога навсегда.

Иисус пришел для того, чтобы спасти нас от наших грехов. Будучи безгрешен, Он взял на себя наши грехи, умер вместо нас, и воскрес из мертвых, чтобы мы получили прощение и в Нем приняли жизнь вечную.

❗ *Отрывок для заучивания наизусть: Рим. 6:23*

☐   *Отметьте, когда выучите отрывок наизусть*
     (Ежедневно повторяйте стих из предыдущего задания)

⬥ ВОПРОСЫ К ЗАНЯТИЮ

А. Грех и его последствия

1. Кем все сотворено? (Откр. 4:11)

    _____

2. Обозначьте тремя словами то, что достоин принять Господь (Откр. 4:11).
    (1)_____ (2)_____ (3)_____

3. Сколько человек согрешило? (Рим. 3:23)

    _____

4. Какими были первые два греха, которые совершил человек? (Рим. 1:21)
    (1) _____
    (2) _____

5. К чему привели эти грехи? (Рим. 1:21)
    (1) В уме человека?_____
    (2) В сердце человека? _____

6. Дайте две характеристики человеческого сердца (Иер. 17:9).
    (1) _____
    (2) _____

7. Кто один истинно знает, что творится в сердце человека? (Иер, 17:10); (Лк.16:15)

    _____

8. Перечислите 13 злых деяний, исходящих из сердца человека (Мар. 7:21-22).
    (1) _____ (2) _____
    (3) _____ (4) _____
    (5) _____ (6) _____
    (7) _____ (8) _____
    (9) _____ (10) _____
    (11) _____ (12) _____
    (13) _____

9. Как Бог называет такое положение вещей, когда человек, будучи способен совершить что-то доброе, не делает этого? (Иак. 4:17)

    _____

10. Как мы поступаем по отношению к самим себе, если говорим, что не имеем греха? (1 Иоан. 1:8)

_____

11. Как мы поступаем по отношению к Богу, если говорим, что не согрешили? (1 Иоан. 1:10)

_____

12. Какое наказание навлек грех на все человечество? (Рим. 5:12; 6:23; Иак. 1:15)

_____

13. Какой конец ожидает всех нераскаявшихся* грешников? (Мф. 25:41; Откр. 20:12-15)

_____

14. Перечислите восемь типов людей, которые попадут в озеро огненное? (Откр. 21:8)
    (1) _____ (2) _____
    (3) _____ (4) _____
    (5) _____ (6) _____
    (7) _____ (8) _____

Б. Для чего умер и воскрес* Христос

15. Для чего Христос пришел в этот мир? (1 Тим. 1:15)

_____

16. Кого Христос призвал и кого он принял? (Мф. 9:13; Лк. 15:2)

_____

17. Согрешил ли сам Христос? (Евр. 4:15); (1 Пет. 2:22)

_____

18. Что Христос вознес на крест за нас? (1 Пет. 2:24)

_____

19. Для чего Христос умер на кресте? (1 Пет. 3:18)

_____

20. Какие три факта из жизни Иисуса Христа, Павел преподносит как Евангельскую весть? (1 Кор. 15:3, 4)
    (1) _____
    (2) _____
    (3) _____

21. Что может Христос, как вечно живой Бог, сделать для тех, кто приходит Нему? (Евр. 7:25)

_____

22. Перечислите три вещи, которые теперь предлагаются всему человечеству во имя Иисуса? (Лк. 24:47; Деян. 4:12)
    (1) _____
    (2) _____
    (3) _____

❗ *Отрывок для заучивания наизусть: Рим. 6:23.*
Напишите этот отрывок по памяти.

_____

_____

_____

_____

❗ НЕ ПЕРЕВОРАЧИВАЙТЕ ЭТУ СТРАНИЦУ ДО ТЕХ ПОР, ПОКА НЕ ОТВЕТИТЕ НА ВСЕ ВОПРОСЫ ДАННОГО ЗАДАНИЯ.

⬢ ПРАВИЛЬНЫЕ ОТВЕТЫ И ИХ ОЦЕНКИ (В БАЛЛАХ)
ЗАНЯТИЕ № 1

Вопрос №	ОТВЕТ	Баллы
1.	Богом (Господом)	1
2.	(1) Слава	1
	(2) Честь	1
	(3) Сила	1
3.	Ибо все согрешили и лишены славы Божьей	1
4.	(1) Они не прославили Бога	1
	(2) Они не возблагодарили Бога	1
5.	(1) Человек осуетился в своих умствованиях	1
	(2) Их несмысленное сердце омрачилось	1
6.	(1) Оно лукаво более всего	1
	(2) Оно крайне испорчено	1
7.	Господь (Бог)	1
8.	(1) Злые помыслы	1
	(2) Прелюбодеяния	1
	(3) Любодеяния	1
	(4) Убийства	1
	(5) Кражи	1
	(6) Лихоимство (жадность)	1
	(7) Злоба	1
	(8) Коварство (обман)	1
	(9) Непотребство (похоть)	1
	(10) Завистливое око (зависть)	1
	(11) Богохульство* (ругательства\проклятия)	1
	(12) Гордость	1
	(13) Безумство	1
9.	Бог называет это грехом	1
10.	Мы обманываем (дурачим) самих себя	1
11.	Мы представляем Бога лживым	1
12.	Он повлек за собой смерть	1
13.	Вечный огонь — озеро огненное — вторая смерть	1
14.	(1) Боязливые (пугливые)	1
	(2) Неверные	1
	(3) Скверные (ненавистники)	1
	(4) Убийцы	1
	(5) Любодеи	1
	(6) Чародеи (колдуны)	1
	(7) Идолослужители (поклоняющиеся идолам)	1
	(8) Все лжецы	1
15.	Спасти грешников	1
16.	Христос призвал и принял грешников	1
17.	Нет, ни одного	1
18.	Наши грехи	1
19.	Чтобы привести нас к Богу	1
20.	(1) Его смерть за наши грехи	1
	(2) Его погребение	1
	(3) Его воскресение на третий день	1
21.	Он может всегда спасать приходящих через Него к Богу	1

22.	(1) Покаяние*	1
	(2) Прощение* грехов	1
	(3) Спасение*	1
	Сверьте с Библией точность воспроизведения отрывка для заучивания наизусть. Если Вы воспроизвели дословно, то получаете 4 балла. (За каждую ошибку вычитается 1 балл. Если ошибок больше трех, то Вы не получаете ни одного балла.)	4
ОБЩИЙ ИТОГ		**54**
27 баллов = 50% 38 баллов = 70% 43 балла = 80%		

⊙ ПРИМЕЧАНИЯ К ПРАВИЛЬНЫМ ОТВЕТАМ

ЗАНЯТИЕ №2. *(Цифровые обозначения параграфов соответствуют номерам на странице Правильных ответов.)*

1-4. Грех человека состоит в том, что он провалил выполнение тех обязанностей, которые возложил на него Бог. Человек был сотворен, чтобы прославлять* Бога. «Он [человек] есть образ и слава Божья» (1 Кор. 11:7). Все, что не приносит славы Богу, является греховным.

3. «Все… лишены славы Божьей» (Рим. 3:23). Что это означает? Представьте, что вы стреляете по мишени, стараясь попасть в яблочко и промахиваетесь, и вот, вы лишены этого чувства достижения цели, славы победы. «Яблочком», целью нашего существования, является жить для «…славы Божьей». Но, как говорит Библия, никто не попал в цель. (См. Фил. 3:14.)

6-8. Все эти отрывки Писания описывают человеческое сердце. Они говорят о внутреннем состоянии всего человечества. «Все человечество» подразумевает каждого человека без исключения и каждое сердце. .

8. Далеко не все люди совершают все перечисленные здесь грехи. Но в каждом человеческом сердце можно найти семена этих грехов. Два фактора являются решающими в том, прорастут эти семена греха или нет: (1) границы моральных устоев человека и, (2) обстоятельства жизни человека.

9. Мы грешим, когда делаем то, что Бог запрещает. Мы также грешим и тогда, когда упускем или отказываемся выполнить то, что заповедал Господь. Мы также виноваты, когда мы не делаем того, что правильно и хорошо. Прочтите Евангелие от Матфея глава 25:3, 25, 45. Все описанные там персонажи были осуждены за то, что они не сделали. То были неразумные девы, неверные слуги и народы, в переносном смысле названные «козлами».

13. Существует два различых места: (1) «ад» (евр. «шеол»; греч. «гадес») - это место, где отошедшие души содержатся до воскресения* и суда* вечного (Лк. 16:23) и (2) «геенна», или озеро огненное, место наказания после воскресения* и суда* (Откр. 20:12-15). Озеро огненное, это место отбывания окончательного приговора, место непрекращающегося мучения грешников и падших ангелов.

14. Осуждены будут также «боязливые» и «неверные». Сколько, кажущихся религиозными, людей будут включены в этот список?

18. По закону Моисея, жертвоприношение временно покрывало грех (Евр. 10:1-4). Но смертью Иисуса с грехом было покончено навсегда (Евр. 10:11-18).

19. Непрощенный грех производит разделение между Богом и человеком (Ис. 59:2). Когда Христос рассчитался с грехом на кресте, человеку открылся путь возвращения к Богу. И любые остающиеся препятствия на этом пути - со стороны человека, но не Бога.

20. «Вера»* основана на факте. Основанием Евангелия, или благой вести являются эти три простых исторических факта.

21. «Всегда», в Послании к Евреям 7:25 означает, что Христос открыт для каждого. Он решает все проблемы, всех грешников сейчас и всегда. Христа больше чем достаточно для каждого, до конца времен и в вечности.

ЗАНЯТИЕ № 3: БОЖИЙ ПЛАН СПАСЕНИЯ
(часть 2)

Введение

Сейчас Бог предлагает нам спасение* через нашу веру* в Иисуса Христа. Мы спасены через нашу веру в Иисуса, а не через какую бы то ни было религию или добрые дела.

Для принятия Божьего дара спасения* мы должны сделать следующее:
1. открыто признать наши грехи и покаяться* в них (отвернуться от наших грехов);
2. уверовать, что Иисус умер за каждого из нас и воскрес из мертвых;
3. принять воскресшего Христа верой*, как нашего личного Спасителя;
4. открыто исповедовать* Его своим Господом.

Вот, что происходит, когда мы принимаем Иисуса таким образом:
1. Он навечно поселяется в нашем сердце;
2. Он дает нам жизнь вечную*;
3. Он дает нам силу вести праведную* жизнь;
4. Он дарует нам победу над грехом.

❶ ***Отрывок для заучивания наизусть: Иоан. 1:12, 13.***

☐   *Отметьте, когда выучите отрывок наизусть*
          (Ежедневно повторяйте стих из предыдущего задания)

⬡ ВОПРОСЫ К ЗАНЯТИЮ

*В. Как мы можем получить спасение**

23. Когда мы должны искать спасение? (2 Кор. 6:2); (Прит. 27:1)
_____

24. Можем ли мы спастись на основании своих добрых дел? (Ефес. 2:8, 9; Тит. 3:5)
_____

25. Можем ли мы спастись, соблюдая закон? (Рим. 3:20)
_____

26. Какие два действия мы должны совершить, если желаем получить милость Божью? (Прит. 28:13)
(1) _____ (2) _____

27. Что сделает для нас Бог, если мы исповедуем* свои грехи? (1 Иоан. 1:9)
(1) _____
(2) _____

28. Посредством чего Бог очищает нас от всякого греха? (1 Иоан. 1:7)
_____

29. Какие два действия мы должны совершать, если желаем спастись? (Рим.10:9, 10)
(1) В своем сердце? _____
(2) Своими устами? _____

30. Отвергнет ли нас Христос, если мы придем к Нему? (Иоан. 6:37)
_____

31. Что пообещал нам Христос, если мы откроем свое сердце, чтобы принять Его? (Откр. 3:20)
_____

32. Что дает нам Христос, если мы принимаем Его? (Иоан. 1:12)
_____

33. Что мы переживаем в результате этого? (Иоан. 1:13); (Иоанн.3:3)

_____

34. Что мы получаем от Бога через Христа, когда принимаем Его? (Рим. 6:23)

_____

35. Можем ли мы знать, что имеем жизнь вечную*? (1 Иоан. 5:13)

_____

36. Какое свидетельство о Христе дает нам Бог? (1 Иоан. 5:11)

_____

37. Что мы имеем, если принимаем Иисуса Христа, Сына Божьего? (1 Иоан. 5:12)

_____

Г. Спасение дает силу для победы над миром и дбяволом

38. Кто живет в нашем сердце через веру, после того, как мы приняли Иисуса Христа? (Гал.2:20); (Ефес.3:17)

_____

39. Что мы можем делать благодаря той силе, которую нам дает Иисус? (Фил. 4:13)

_____

40. Что делает для нас Христос, если мы исповедуем его перед людьми? (Мф. 10:32)

_____

41. Как поступит с нами Христос, если мы отречемся от Него перед людьми? (Мф. 10:33)

_____

42. Кто способен победить мир и его искушения?
    (1) (1 Иоан. 5:4) _____
    (2) (1 Иоан. 5:5) _____

43. Почему дети Божьи способны побеждать мир? (1 Иоан. 4:4)

_____

44. С помощью чего народ Божий побеждает дьявола? (Откр. 12:11)
    (1) _____
    (2) _____
    45. Кого Бог пообещал принять на небеса в качестве Своих детей? (Откр. 21:7)

_____

❗ *Отрывок для заучивания наизусть: Иоан. 1:12, 13.*
Напишите этот отрывок по памяти.

_____
_____
_____
_____

❗ **НЕ ПЕРЕВОРАЧИВАЙТЕ ЭТУ СТРАНИЦУ ДО ТЕХ ПОР,
ПОКА НЕ ОТВЕТИТЕ НА ВСЕ ВОПРОСЫ ДАННОГО ЗАДАНИЯ.**

⬢ ПРАВИЛЬНЫЕ ОТВЕТЫ И ИХ ОЦЕНКИ (В БАЛЛАХ)
ЗАНЯТИЕ № 3

Вопрос №	ОТВЕТ	Баллы
23.	Сейчас, сегодня	1
24.	Нет	1
25.	Нет	1
26.	(1) Исповедать свои грехи	1
	(2) Оставить свои грехи	1
27.	(1) Прощает нам наши грехи	1
	(2) Очищает нас от всякой неправды (зла и безнравственных поступков)	1
28.	Посредством крови Иисуса Христа, Сына Божьего	1
29.	(1) Поверить, что Бог воскресил Иисуса Христа из мертвых	1
	(2) Исповедать Иисуса Господом	1
30.	Нет	1
31.	«Войду»	1
32.	Власть быть чадами Божьими	1
33.	Мы рождаемся от Бога (рождение свыше)	1
34.	Жизнь вечную*	1
35.	Да (поэтому Иоанн написал эти строки)	1
36.	Во Христе Бог дал нам жизнь вечную*	2
37.	Жизнь вечную*	1
38.	В нашем сердце живет Христос	1
39.	Все (на что есть воля Божья)	1
40.	Он исповедает* нас перед Отцом Своим Небесным	1
41.	Он отречется от нас перед Отцом Своим Небесным	1
42.	(1) Всякий, рожденный от Бога (через веру*)	1
	(2) Тот, кто верует, что Иисус есть Сын Божий	1
43.	Потому, что тот, кто в них (Бог), больше того, кто в мире (диавола)	2
44.	(1) При помощи крови Агнца (Христа)	1
	(2) При помощи слов своего свидетельства	1
45.	Того, кто побеждает	1
	Сверьте с Библией точность воспроизведения отрывка для заучивания наизусть. Если Вы воспроизвели дословно, то получаете 4 балла за каждый стих. (За каждую ошибку вычитается 1 балл. Если Вы допустили больше трех ошибок в одном из стихов, то этот стих не зачитывается.)	8
ОБЩИЙ ИТОГ		**38**
19 баллов = 50% 27 баллов = 70% 30 баллов = 80%		

⮚ ПРИМЕЧАНИЯ К ПРАВИЛЬНЫМ ОТВЕТАМ

ЗАНЯТИЕ №3. *(Цифровые обозначения параграфов соответствуют номерам на странице Правильных ответов.)*

24-25. Библия отвергает всякую попытку человека достичь спасения своими собственными усилиями или стать праведным* без благодати Божьей. Эта спасительная благодать принимается через веру* во Христа.

25. Закон был дан человеку не для того, чтобы сделать его праведным, но чтобы показать ему, что он грешник, и что он не может спасти самого себя (См. Рим. 3:20; 7:7-13).

26. Если человек только исповедал* свои грехи, но не оставил их, он не может рассчитывать на милость Божью (Для сравнения прочтите Ис. 55:7). «Оставить» означает «полностью отвернуться»

27. Прощая грех, Бог также омывает и очищает сердце грешника. Очищенный таким образом грешник не пребывает больше в тех грехах, которые он исповедал*.

28. У человека нет своего лекарства для собственного сердца. Только кровь Христа Иисуса может очистить и исцелить его.

29. (2) «Исповедают* Иисуса Господом» это более точный перевод данного отрывка (Прочтите и сравните 1 Кор. 12:3 и Фил. 2:11)

31. Обратите внимание на то, что в книге Откровение 3:20, Иисус обращается к действующей церкви Христовой (в Лаодикии). Эта церковь называла себя христианской, но Сам Иисус был оставлен за дверями этой церкви и стоял вне, ожидая, когда его впустят. Сколько современных Христианских церквей подобны этой?! Обещание Иисуса «войти» относится к каждому из нас в отдельности. Обещание не было дано церкви, как целому. Решение принять Христа всегда является сугубо личным.

32. Власть (в английском переводе Библии «Новая интернациональная версия» в этом стихе (Иоанн. 1:12), употреблено слово «право», поэтому Д. Принс в данном примечании делает уточнение – «Право», или более более правильно - «власть». – прим. ред.)

33. В Евангелии от Иоанна 3:1-7, говорится, что «мы должны родиться свыше». В Иоанна 1:12, 13, говорится, как нам должно родиться свыше (от Бога). Это происходит, когда мы принимаем Христа как своего личного Спасителя и Господа.

34. Сравните понятия «возмездие» и «дар» в Послании к Римлянам 6:23. «Возмездие» - справедливая плата за грехи, которые мы совершили; «дар» - бесплатное, незаслуженное получение Божьей благодати.

38. Жизнь христианина как начинается верою, так ею и продолжается. «Посему как Вы приняли Христа Иисуса Господа, так и ходите в Нём» (Кол. 2:6). Мы принимаем Иисуса верою. Мы ходим во Христе верою (2 Кор. 5:7).

39. Более точный перевод: «Я все могу, благодаря Христу, Который живет во мне и Который и дает мне силу» (Фил. 4:13).

40-41. Христос является «Первосвященником нашего исповедания» (Евр. 3:1). Это значит, что Он служит нашим Первосвященником и ходатайствует за нас перед Своим Отцом. Но делает это только если мы исповедуем Его. Без исповедания* для нас нет и Первосвященника, ходатайствующего за нас (Сравните Евр. 4:14 и 10:21-23). У нас есть только две альтернативы: «исповедать*» или «отвергнуть», третьего не дано.

44. «Кровью Агнца и словом нашего свидетельства» (Откр. 12:11). Мы должны лично свидетельствовать о том, что, согласно Слову Божьему, кровь Христа делает для нас. Вот некоторые из величайших преимуществ, получаемых через кровь Христа: искупление* (Еф.1:7), очищение (1 Иоан. 1:7), оправдание (Рим. 5:9) и освящение* (Евр. 13:12)

45. Прочтите и поразмыслите над Посланием к Римлянам 12:21. На самом деле, есть только два варианта, между которыми мы можем выбирать: побеждать или быть побежденными. И опять – третьего не дано.

ЗАНЯТИЕ № 4: **ВОДНОЕ КРЕЩЕНИЕ: КАК? КОГДА? ПОЧЕМУ?**

Введение

Сам Иисус сказал: «Кто будет веровать и креститься, спасен будет» (Мар. 16:16). Божий план спасения неизменен: сначала уверуй, затем крестись.

Вера во Христа производит внутренние изменения в нашем сердце; водное крещение является внешним актом послушания Богу. Посредством этого акта мы свидетельствуем. Мы показываем, что внутри нас, в нашем сердце произошли изменения.

Крещение соединяет нас со Христом в Его погребении и воскресении*. Мы расстаемся с прежней жизнью греха и поражения; мы выходим из воды, чтобы вести новую жизнь праведности и победы, которая возможна благодаря силе Божьей, действующей в нас.

Места из Писания, приведенные в этом задании, очень подробно объясняют как, когда и почему мы должны принимать водное крещение.

❗ *Отрывок для заучивания наизусть: Рим. 6:4*

☐ *Отметьте, когда выучите отрывок наизусть*
(Ежедневно повторяйте стих из предыдущего задания)

⬢ **ВОПРОСЫ К ЗАНЯТИЮ**

1. Какую причину привел Сам Христос, объясняя Свое водное крещение? (Мф. 3:15)
    _____

2. Как Дух Святой проявил Свое удовлетворение по поводу крещения Иисуса? (Мф. 3:16)
    _____

3. Что сказал об Иисусе при крещении Бог Отец? (Мф. 3:17)
    _____

4. Погрузился ли Иисус в воду при крещении? (Мф. 3:16)
    _____

5. Что Иисус повелел делать желающим спасения после того, как они уверовали в Евангелие? (Мар. 16:16)
    _____

6. Что Иисус повелел ученикам делать с людьми перед крещением? (Мф. 28:19)
    _____

7. К кому Иисус послал Своих учеников с этой вестью? (Мф. 28:19)
    _____

8. Что Иисус ожидает от людей после крещения? (Мф. 28:20)
    _____

9. Что Петр повелел сделать перед крещением? (Деян. 2:38)
    _____

10. Сколько людей, по словам Петра, должны были креститься? (Деян. 2:38)
    _____

11. Что сделали люди, «охотно принявшие» Слово Божье? (Деян. 2:41)
    _____

12. Что сделали Самаряне, уверовав через проповедь Филиппа? (Деян. 8:12)
    _____

13. Какое условие должно было быть исполнено евнухом, по словам Филиппа, чтобы принять крещение? (Деян. 8:37)

_____

14. Что ответил евнух на слова Филиппа? (Деян. 8:37)

_____

15. Сошел ли евнух в воду для крещения? (Деян. 8:38)

_____

16. Как чувствовал себя евнух после крещения? (Деян. 8:39)

_____

17. Что Петр повелел Корнилию и его друзьям после того, как они приняли спасение и Духа Святого? (Деян. 10:44-48)

_____

18. Что сделали тюремный страж в Филиппах и его семья, уверовав через проповедь Павла? (Деян. 16:29-33)

_____

19. Что сделали ученики в Ефесе, уверовав через проповедь Павла? (Деян. 19:4, 5)

_____

20. Каким двум переживаниям опыта Христова мы следуем, когда принимаем водное крещение? (Рим. 6:4; Кол. 2:12)

    (1) _____ (2) _____

21. По словам Павла, как должны жить верующие после крещения? (Рим. 6:4)

_____

22. Различаются ли верующие после крещения по национальным признакам? (Гал. 3:26-28)

_____

23. Укажите два прообраза водного крещения в Ветхом Завете, на которые ссылается в Новом Завете:

    (а) (1 Кор. 10:1, 2; Исх. 14:21, 22) _____

    _____

    (б) (1 Пет. 3:20, 21; Быт. 6, 7) _____

    _____

❗ *Отрывок для заучивания наизусть: Рим. 6:4*

Напишите этот отрывок по памяти.

_____

_____

_____

_____

**❗ НЕ ПЕРЕВОРАЧИВАЙТЕ ЭТУ СТРАНИЦУ ДО ТЕХ ПОР,
ПОКА НЕ ОТВЕТИТЕ НА ВСЕ ВОПРОСЫ ДАННОГО ЗАДАНИЯ.**

⬢ ПРАВИЛЬНЫЕ ОТВЕТЫ И ИХ ОЦЕНКИ (В БАЛЛАХ)
ЗАНЯТИЕ № 4

Вопрос №	ОТВЕТ	Баллы
1.	Ибо так нам надлежит исполнить всякую правду*	2
2.	Он (Святой Дух) сошел как голубь, и спустился на Иисуса	2
3.	«Сей сын мой возлюбленный, в Котором Мое благоволение»	2
4.	Да	1
5.	Креститься	1
6.	Научить их	1
7.	Ко всем народам	1
8.	Уча соблюдать все, что Он (Иисус) повелел	2
9.	Покаяться*	1
10.	Каждый (то есть все)	1
11.	Они крестились	1
12.	Они крестились	1
13.	Он должен был веровать от всего сердца	1
14.	«Верую, что Иисус Христос есть Сын Божий»	1
15.	Да	1
16.	Он продолжил свой путь, радуясь	1
17.	Креститься	1
18.	Они все крестились	1
19.	Они крестились	1
20.	(1) Его погребению	1
	(2) Его воскресению* из мертвых	1
21.	Они должны ходить в обновленной жизни	2
22.	Нет, не существует никакой разницы	1
23.	(а) Переход Израильтян через Чермное море	2
	(б) Спасение Ноя и его семьи от вод потопа в ковчеге	2
	Сверьте с Библией точность воспроизведения отрывка для заучивания наизусть. Если Вы воспроизвели дословно, то получаете 4 балла. (За каждую ошибку вычитается 1 балл. Если ошибок больше трех, то Вы не получаете ни одного балла.)	4
ОБЩИЙ ИТОГ		**36**
18 баллов = 50%, 25 баллов = 70%, 29 баллов = 80%		

⊙ ПРИМЕЧАНИЯ К ПРАВИЛЬНЫМ ОТВЕТАМ

ЗАНЯТИЕ № 4. *(Номера с левой стороны страницы соответствуют номерам правильных ответов на предыдущей странице.)*

1-4. Иоанново крещение было «крещением покаяния», сопровождающееся исповеданием грехов (Мар. 1:4, 5). Но Иисус не совершил никакого греха, чтобы исповедаться* в нем или покаяться*. Однако, крестившись таким образом, Иисус показал всем Своим последователям пример послушания Воле Божьей. Об этом говорит Его пояснение: «Так надлежит нам исполнить всякую правду *)» (Мф. 3:15).

Наречие «так» указывает на идеальный образец крещения, поданный Иисусом: войти в воду и выйти из нее. «Надлежит нам» указывает на Его совершенный пример послушания, которому должны следовать все искренне верующие. «Исполнить всякую правду» служит совершенной причиной для крещения: исполнить всю праведность*.

Сначала христианин становится праведным по вере* во Христа. Затем, он дополняет эту внутреннюю праведность* веры* внешним актом послушания – крещением.

Понимаемое, таким образом, крещение, имеет открытое одобрение всех трех ипостасей Троицы: Отца, Сына и Духа.

5, 6, 9, 13.

До крещения должны быть соблюдены три условия: (1) принимающий крещение должен усвоить природу и причину этого акта; (2) он должен покаяться* в своих грехах; (3) он должен веровать в Иисуса Христа, как Сына Божьего.

7, 10, 11, 12, 17, 18, 19.

Иисус сказал Своим ученикам, что заповедь крещения предназначена «для всех народов». Исключений не должно быть. Во исполнение этого мы видим, что все новообращенные, на страницах Нового Завета, крестились без задержек. В большинстве случаев это происходило в тот же день, что и обращение. Никогда не было длительных промежутков времени между обращением и крещением. Нет никаких оснований не следовать этому образцу и сегодня.

8, 20, 21.

Через обряд крещения Христиане открыто отождествляют себя со Христом в его погребении и воскресении*. После крещения от них требуется вести обновленную праведную* жизнь, возможную благодаря благодати и силе Святого Духа.

23 (а). В 1 Кор. 10:1, 2 говорится о двойственном крещении для народа Божьего, «в облаке и море». Крещение «в облаке» является прообразом крещения Духом Святым. Крещение «в море» — прообразом водного крещения.

(б). Верой* Ной и его семья вошли в ковчег (образ Христа). Затем в ковчеге они прошли воды потопа (образ крещения). Таким образом, они спаслись от Божьего суда*, расстались со старым, нечестивым миром и вошли в совершенно новую жизнь.

ЗАНЯТИЕ № 5: **ДУХ СВЯТОЙ**

Введение

В течение всего Своего земного служения Иисус полностью зависел от Духа Святого.

До того как Святой Дух сошел на него при водах Иордана, Иисус не произнес ни одной проповеди и не совершил ни одного чуда. После этого все, что ни делалось Им, совершалось силой Духа Святого.

Перед Своим вознесением, Христос пообещал Своим ученикам послать им с небес Духа Святого. Это обетование было исполнено в день Пятидесятницы, когда они все были крещены в Святом Духе. Дух Святой стал их Утешителем (Помощником) и явился источником восполнения всех их духовных нужд.

❶ *Отрывок для заучивания наизусть: Деян. 2:38, 39*

☐ *Отметьте, когда выучите отрывок наизусть*
(Ежедневно повторяйте стих из предыдущего задания)

⟳ ВОПРОСЫ К ЗАНЯТИЮ

1. Как помазал Иисуса Бог Отец для Его земного служения? (Деян. 10:38)

   _____

2. Что увидел Иоанн Креститель сходящим на Иисуса? (Иоан. 1:32, 33)

   _____

3. Как Иисус объяснял Свои способности проповедовать и служить нуждающимся? (Лк. 4:18)

   _____

4. Какой силой, по Его словам, Иисус изгонял бесов? (Мф. 12:28)

   _____

5. Кого Иисус пообещал послать Своим ученикам от Отца после Своего возвращения на небо? (Иоан. 14:16, 26); (Иоан. 15:26)

   _____

6. Какие два выражения использует Иисус для описания Духа Святого? (Иоан. 14:17); (Иоан. 14:26)

   _____

7. Что, по словам Иисуса, сделает для учеников Дух Святой? (Иоан. 14:26)

   (1) _____

   (2) _____

8. Каким еще образом, по словам Иисуса, Дух Святой поможет ученикам? (Иоан. 16:13)

   _____

9. Назовите два способа, которыми Дух Святой откроет Иисуса Его ученикам?

   (1) (Иоан. 15:26) _____

   (2) (Иоан. 16:14) _____

10. Когда, по словам Иисуса, ученики должны были принять силу для свидетельства о нем в Иерусалиме? (Деян. 1:8)

   _____

11. Что, как сказал людям Иоанн Креститель, Иисус будет делать для них? (Мар. 1:8)

_____

12. Что пообещал Иисус Своим ученикам непосредственно перед восхождением на небо? (Деян. 1:5)

_____

13. Что повелел Иисус Своим ученикам в ожидании исполнения обетования? (Лк. 24:49)

_____

14. В какой день Святой Дух сошел на учеников, по обетованию Иисуса? (Деян. 2:1-4)

_____

15. Почему Дух Святой не мог быть дан ученикам во время земного служения Иисуса? (Иоан. 7:39)

_____

16. Что Иисус принял от Отца, когда вернулся к Своей славе одесную Бога? (Деян. 2:33)

_____

17. Каким образом присутствовавшие неверующие узнали, что Иисус излил Святого Духа на учеников? (Деян. 2:33)

_____

18. Что услышали эти неверующие от учеников, исполненных силы Духа Святого? (Деян. 2:7, 8)

_____

19. На кого пообещал Бог излить Своего Духа в последние дни? (Деян. 2:17)

_____

20. Кому, по словам Петра, доступен обещанный дар Святого Духа? (Деян. 2:39)

_____

21. Какой благой дар даст всем Своим детям Бог Отец, если они попросят Его об этом? (Лк. 11:13)

_____

❗ *Отрывок для заучивания наизусть: Деян. 2:38, 39*

Напишите этот отрывок по памяти.

_____

_____

_____

_____

❗ **НЕ ПЕРЕВОРАЧИВАЙТЕ ЭТУ СТРАНИЦУ ДО ТЕХ ПОР, ПОКА НЕ ОТВЕТИТЕ НА ВСЕ ВОПРОСЫ ДАННОГО ЗАДАНИЯ.**

⬡ ПРАВИЛЬНЫЕ ОТВЕТЫ И ИХ ОЦЕНКИ (В БАЛЛАХ)
ЗАНЯТИЕ № 5

Вопрос №	ОТВЕТ	Баллы
1.	Бог Отец помазал Иисуса Духом Святым и силою	1
2.	Дух Святой в виде голубя	1
3.	Действием Господнего Духа	1
4.	Духом Божьим	1
5.	Утешителя (Духа Святого)	1
6.	Дух истины	2
7.	(1) Научит вас всему	1
	(2) Напомнит вам все, что Я говорил вам	2
8.	Наставит вас на всякую истину	1
9.	(1) Он свидетельствует об Иисусе	1
	(2) Он прославляет Иисуса	1
10.	После сошествия на них Духа Святого	1
11.	Он будет крестить вас Духом Святым	1
12.	«Вы чрез несколько дней после сего будете крещены Духом Святым»	2
13.	«Вы же оставайтесь (ждите) в городе Иерусалиме, доколе не облечетесь силою свыше»	2
14.	В день Пятидесятницы	1
15.	Потому что Иисус еще не был прославлен	1
16.	Обетование Святого Духа	]
17.	Они видели и слышали это	1
18.	Ученики говорили на тех языках, которые были родными для этих неверующих	2
19.	На всякую плоть (на все человечество)	1
20.	Вам, вашим детям и всем дальним, кого ни призовет Господь	3
21.	Дар Святого Духа	1
	Сверьте с Библией точность воспроизведения отрывка для заучивания наизусть. Если Вы воспроизвели дословно, то получаете 4 балла за каждый стих. (За каждую ошибку вычитается 1 балл. Если Вы допустили больше трех ошибок в одном из стихов, то этот стих не засчитывается.)	8
ОБЩИЙ ИТОГ		**38**
19 баллов = 50%, 27 баллов = 70%, 30 баллов = 80%		

ⓔ ПРИМЕЧАНИЯ К ПРАВИЛЬНЫМ ОТВЕТАМ

ЗАНЯТИЕ №5. (Номера с левой стороны страницы соответствуют номерам правильных ответов на предыдущей странице.)

1-5.   «Христос» на греческом языке означает «Помазанный». По-древнееврейски - это «Мессия» (смысл тот же). Иисус стал «Мессией», «Помазанником» тогда, когда Дух Святой сошел на Него с небес, после крещения Иоанном Крестителем, на реке Иордан.

Титул «Христос», или «Мессия», означает, что все земное служение Иисуса стало возможным, благодаря помазанию Святого Духа. Бог желает такого же помазания для всех христиан. «Утверждающий же нас с вами во Христе и помазавший нас есть Бог» (2 Кор. 1:21). «Впрочем, помазание, которое вы получили от Него, в вас пребывает...» (1 Иоан. 2:27).

«Христиане» дословно означает «помазанники». Чтобы быть истинными учениками, христиане должны полагаться на Святой Дух. Сам Иисус полагался на Святой Дух, показав нам пример.

5-6.   «Ходатай» - вот еще одно определение Святого Духа. Ходатай представляет дела в суде, выступает в качестве адвоката. Точно так же назван Иисус в 1 Иоан. 2:1. Христос представляет дело верующих на небе. Дух Святой через верующего представляет дело Христа на земле (см. Мф. 10:19, 20).

6-9.   В Иоан. 16:7 Иисус сказал: «лучше для вас, чтобы Я пошел; ибо если Я не пойду, Утешитель не придет к вам, а если пойду, то пошлю Его к вам». Когда Иисус вернулся на небо и послал Духа Святого ученикам, они сразу же получили более глубокое познание и понимание о самом Иисусе по сравнению с тем временем, когда Он был с ними. Таким образом, Дух Святой исполнил Свое служение, состоящее в представлении, истолковании и прославлении* личности, служения и проповеди Христа. Служение Духа Святого не изменилось и сегодня.

11.   В начале всех четырех Евангелий Иоанн Креститель указывает на Иисуса, как на того, Кто «будет крестить вас Духом Святым». Новый Завет придает максимально возможное значение этой части Христова служения. Христианская Церковь должна делать то же самое.

12-13.   Евангелия заканчиваются, равно как, и начинаются, обетованием крещения в Духе Святом.

15-16.   Своей смертью на кресте Иисус выкупил для каждого верующего дар Святого Духа (См. Гал. 3:13, 14). После Своего воскресения* и вознесения* Христос воспользовался своей уникальной привилегией получить этот дар от Отца и передать Его, как дар, ученикам.

17-18.   На протяжении всего Нового Завета, крещение в Духе Святом сопровождается сверхъестественным свидетельством говорения на иных языках.

18-21.   Бог обещал последнее излияние Святого Духа во всемирном масштабе в конце времен. Каждый христианин имеет право, по Писанию, просить Бога об этом даре.

ЗАНЯТИЕ № 6: РЕЗУЛЬТАТЫ КРЕЩЕНИЯ В ДУХЕ СВЯТОМ

Введение

Крещение в Духе Святом это дар с Небес. Верующему, получившему этот дар, дается сверхъестественная сила для свидетельства и служения в качестве ученика Иисуса.

Получение этого дара верующим сопровождается говорением или молитвой на языке, незнакомом говорящему и приходящему от Святого Духа. Именно поэтому проявления данного дара порой называют молитвой в Духе Святом. В Библии он также описывается как «говорение на иных языках» (Деян. 2:4). В новозаветной церкви это переживание было обычным для всех верующих.

Молитва на незнакомом языке позволяет христианину строить свою духовную жизнь через непосредственное и постоянное общение с Богом и является небесными вратами, через которые в жизни верующего начинают действовать дары и произрастать плоды Духа Святого.

🛈 ***Отрывок для заучивания наизусть: Деян. 2:17, 18***

☐   *Отметьте, когда выучите отрывок наизусть*
(Ежедневно повторяйте стих из предыдущего задания)

⬢ **ВОПРОСЫ К ЗАНЯТИЮ**

1. Что произошло с учениками в день Пятидесятницы (древнееврейский праздник Шавуот – праздник дарования Закона еврейскому народу на Синае), когда они все исполнились Духа Святого? (Деян. 2:4)

_____

2. Через чью проповедь Самаряне уверовали в Иисуса Христа, Мессию? (Деян. 8:12)

_____

3. О чем молились Петр и Иоанн для уверовавших в Самарии, придя туда? (Деян. 8:15)

_____

4. Как Самаряне приняли Духа Святого? (Деян. 8:17)

_____

5. Как принял Духа Святого Савл из Тарса (Павел)? (Деян. 9:17)

_____

6. Что случилось со всеми слушавшими Петра, когда он проповедовал в доме Корнилия? (Деян. 10:44)

_____

7. Как Петр и его спутники узнали, что все, находившиеся в доме Корнилия, приняли Духа Святого? (Деян. 10:45, 46)

_____

8. Какой вопрос Павел задал ученикам в Ефесе? (Деян. 19:2)

_____

9. Когда ученики в Ефесе приняли Духа Святого? (Деян. 19:6)

_____

10. Что произошло после того, как Дух Святой сошел на этих учеников? (Деян. 19:6)

_____

11. Какое место в жизни Павла, по его словам, занимало говорение на иных языках? (1 Кор. 14:18)

_____

12. Перечислите, что делает христианин, когда он говорит на ином языке? (1 Кор.14:2, 4)

(1) _____

(2) _____

(3) _____

13. Какая часть естества христианина молится, когда он молится на иных языках? (1 Кор. 14:14)
_____

14. Как должны, по словам Иисуса, поклоняться Богу истинные поклонники? (Иоан.4:23, 24)
_____

15. Как Иуда (брат Иакова) призывает христиан назидать самих себя в вере*? (Иуда 20)
_____

16. О каком следующем даре следует ревновать христианину, молящемуся на иных языках? (1 Кор. 14:13)
_____

17. Как следует молиться христианину на иных языках в собрании, когда нет истолкователя? (1 Кор. 14:28)
_____

18. Желал ли Павел, чтобы все христиане молились на иных языках? (1 Кор. 14:5)
_____

19. Сколько христиан могут, по словам Павла, пророчествовать*? (1 Кор. 14:31)
_____

20. Должны ли христиане оставаться в неведении по поводу духовных даров? (1 Кор. 12:1)
_____

21. Перечислите 9 даров Духа (1 Кор. 12:8-10)

    (1) _____ (2) _____ (3) _____
    (4) _____ (5) _____ (6) _____
    (7) _____ (8) _____ (9) _____

22. Перечислите 9 плодов Духа (Гал. 5:22, 23)

    (1) _____ (2) _____ (3) _____
    (4) _____ (5) _____ (6) _____
    (7) _____ (8) _____ (9) _____

23. Должно ли христианину иметь духовные дары без духовных плодов? (1 Кор. 13:1, 2)
_____

24. Должно ли христианину иметь духовный плод без духовных даров? (1 Кор. 12:31; 14:1)
_____

25. Укажите три сверхъестественных результата излияния Духа Святого в конце времен (Деян. 2:17).

    (1) _____ (2) _____ (3) _____

26. Перечислите пять духовных даров, которые христианин может использовать для назидания своих братьев и сестёр по вере, в собрании? (1 Кор. 14:26)

    (1) _____ (2) _____ (3) _____
    (4) _____ (5) _____

❗ *Отрывок для заучивания наизусть: Деян. 2:17, 18*

Напишите этот отрывок по памяти.

_____
_____
_____
_____

❗ **НЕ ПЕРЕВОРАЧИВАЙТЕ ЭТУ СТРАНИЦУ ДО ТЕХ ПОР,
ПОКА НЕ ОТВЕТИТЕ НА ВСЕ ВОПРОСЫ ДАННОГО ЗАДАНИЯ.**

⬡ ПРАВИЛЬНЫЕ ОТВЕТЫ И ИХ ОЦЕНКИ (В БАЛЛАХ)
ЗАНЯТИЕ № 6

Вопрос №	ОТВЕТ	Баллы
1.	Они заговорили на иных языках, как Дух давал им провещевать	2
2.	Через проповедь Филиппа	1
3.	Чтобы они приняли Духа Святого	1
4.	Через возложение рук Петра и Иоанна	1
5.	Анания возложил на него руки	1
6.	На всех них сошел Дух Святой	1
7.	Они услышали, как те говорили на иных языках и прославляли Бога	1
8.	Приняли ли Вы Духа Святого, уверовавши?	1
9.	Через возложение рук Павла	1
10.	Они стали говорить на иных языках и пророчествовать*	1
11.	Более всех вас говорю языками (он говорил на иных языках более всех верующих в Коринфе)	1
12.	(1) Он говорит Богу (а не человекам)	1
(2)	Он говорит тайны	1
(3)	Он назидает (утешает и пробуждает\восстанавливает) самого себя	1
13.	Его дух	1
14.	В духе и истине	1
15.	Всегда молясь Духом Святым	1
16.	О даре истолкования (или перевода)	1
17.	Он может говорить себе и Богу	1
18.	Да	1
19.	Все	1
20.	Нет	1
21.	(1) Слово мудрости	1
	(2) Слово знания	1
	(3) Вера	1
	(4) Дары исцелений	1
	(5) Чудотворения	1
	(6) Пророчество	1
	(7) Различение духов (осведомленность)	1
	(8) Разные языки	1
	(9) Истолкование языков	1
22.	(1) Любовь	1
	(2) Радость	1
	(3) Мир	1
	(4) Долготерпение	1
	(5) Благость	1
	(6) Милосердие	1
	(7) Вера	1
	(8) Кротость	1
	(9) Воздержание	1
23.	Нет	1
24.	Нет	1
25.	(1) И будут пророчествовать* сыны ваши и дочери ваши	1
	(2) И юноши ваши будут иметь видения	1
	(3) И старцы ваши сновидениями вразумляться будут	1

26.	(1) Псалмом	1
	(2) Поучением	1
	(3) Языком	1
	(4) Откровением	1
	(5) Истолкованием	1
	Сверьте с Библией точность воспроизведения отрывка для заучивания наизусть. Если Вы воспроизвели дословно, то получаете 4 балла за каждый стих. (За каждую ошибку вычитается 1 балл. Если Вы допустили больше трех ошибок в одном из стихов, то этот стих не засчитывается.)	8
ОБЩИЙ ИТОГ		**59**
30 баллов = 50%, 41 баллов = 70%, 47 баллов = 80%		

☛ ПРИМЕЧАНИЯ К ПРАВИЛЬНЫМ ОТВЕТАМ

ЗАНЯТИЕ №6. *(Номера с левой стороны страницы соответствуют номерам правильных ответов на предыдущей странице.)*

1. «От избытка сердца говорят уста» (Мат. 12:34). Первое излияние Духа Святого происходит из уст верующего.

2-4. Множество людей в Самарии были чудесным образом спасены и исцелены, благодаря служению Филиппа. Но для апостолов этого было недостаточно. Они хотели, чтобы все новообращённые были крещены Духом Святым. Поэтому через некоторое время после того, как они были спасены, новообращённые были крещены в Святом Духе, во время служения Петра и Иоанна.

5. Обратите внимание, что Анания назван просто «учеником» (Деян. 9:10). Отсюда вывод, что возложение рук с целью крещения Духом Святым было привилегией не только апостолов. И не всегда для передачи Духа Святого необходимо возложение рук. В Деян. 2:2-4 и 10:44-46 верующие получили Духа и без него.

8-10. В Ефесе, как и в Самарии, ученики пережили крещение Духом Святым, как отдельное событие, следующее за спасением. Как и в Деян. 2:4 и 10:46, это переживание выразилось в говорении на иных языках (а в Деян. 19:2-6 и в пророчествовании*).

11-15. В основном, говорение на иных языках используется для личного поклонения Богу и для молитвы. Верующий не понимает своим умом, что он говорит, но своим духом поддерживает непосредственную связь с Богом и, таким образом, способен назидать (созидать) самого себя.

16-17. Благодаря дару истолкования, христиане могут узнать смысл высказывания, данного на ином языке. В собрании, вслед за высказыванием на ином языке, обычно должно следовать истолкование. Если нет истолкователя, верующий может говорить на ином языке «себе и Богу» (1 Кор. 14:28).

19. «Пророчествовать»* означает говорить через сверхъестественное вдохновение Духа Святого на языке, понятном говорящему и слушающему.

21-24. Существует разница между «дарами» и «плодами». «Дар» даётся и получается сразу, моментально, а на выращивание плода уходит время и труд (2 Тим. 2:6). Сравните новогоднюю елку с игрушками (подарками) и яблоню с ее плодами. В духовном смысле, дары не являются заменой плодов, а плоды не заменяют дары. Бог хочет, чтобы у христиан было и то, и другое (обратите внимание, что любовь никогда не называется «даром»).

25-26. У крещения в Святом Духе много результатов. Существуют сверхъестественные дары и плоды. С их помощью христиане могут служить друг другу на таком уровне, который выше их природных способностей или образования.

⬡ ПЕРВЫЕ ПРОМЕЖУТОЧНЫЕ ИТОГИ

Поздравляем!

Вы только что завершили первые шесть занятий. Задумайтесь, что это значит!

Вы начали свое упражнение в праведности* со знакомства со следующими темами:

- Библия, как Слово Божье
- Божий план спасения всего человечества и как вы можете стать частью этого плана и наслаждаться всеми его преимуществами
- Учение о важности водного крещения
- Обеспечение Духа Святого и его возможности

В ходе изучения, вы исследовали Писания в поисках ответов на поставленные вопросы и прочли более 170 стихов из Библии! К тому же, вы выучили наизусть десять важных стихов Писания.

Вполне возможно, что порой вам приходилось нелегко. Может быть, вы даже задумывались: «Стоит ли игра свеч? Столько времени и усилий…» Но это лишь подтверждает высказывание Соломона о поиске мудрости и познания: «…если будешь искать его, как серебра, и отыскивать его, как сокровище…» (См. Притчи 2:1-5).

Раскопки - дело не из легких, порой это каторжный труд. У вас будут болеть мышцы и руки в мозолях. Поэтому нет ничего удивительного, если у вас болела голова от объема информации или вы стерли пальцы, прорабатывая эти первые шесть занятий.

С другой стороны, вы тренируете свои умственные и духовные мышцы. Вы вырабатываете внутреннюю стойкость и силу характера. Так называемые «боли» и «мозоли» лишь временное явление – они пройдут. Но выработанный характер будет с вами всегда. Он - неотъемлемая основа вашего будущего успеха, не взирая на то, что приготовит вам жизнь.

Поэтому не жертвуйте вечным ради преходящего! Продолжайте раскопки! До сокровища рукой подать!

❗ ИТОГОВОЕ ЗАНЯТИЕ

Повторение пройденного материала

Прежде чем приступить к изучению нового захватывающего материала, ожидающего вас впереди, вам не помешает, и даже будет полезно устроить инвентаризацию полученных знаний. Вот несколько полезных советов, как это можно сделать.

Во-первых, внимательно перечитайте все вопросы предыдущих шести занятий вместе с соответствующими правильными ответами. Убедитесь, что вы знаете и понимаете правильный ответ на каждый вопрос.

Во-вторых, повторите все стихи Писания, которые вы выучили наизусть к пройденным занятиям.

В-третьих, прочтите внимательно последующие вопросы и подумайте, как вы бы могли на них ответить. Каждый вопрос, тем или иным образом, относится к изученному материалу.

1. Как вы применили Божье лекарство против греха в своей жизни?
2. Какую пользу может принести вашей жизни изучение и послушание Слову Божьему?
3. Опишите разные способы, которыми Святой Дух может помочь вам в вашей духовной жизни.
4. В каких аспектах, переход Израиля через Чермное море, является примером для тех, кто следует за Иисусом в крещении?

И последнее – запишите на отдельном листе свои ответы на данные вопросы.

* * *

За выполнение этого итогового занятия не дается баллов. Его цель помочь вам собрать воедино все, что вы узнали.

❗ КОГДА ВЫ БУДЕТЕ ДОВОЛЬНЫ СВОИМИ РЕЗУЛЬТАТАМИ, ПЕРЕВЕРНИТЕ СТРАНИЦУ И ПЕРЕХОДИТЕ К ЗАНЯТИЮ №7.

ЧАСТЬ 2

НАСЫЩЕННАЯ ЖИЗНЬ

ЗАНЯТИЕ № 7: **ПОКЛОНЕНИЕ И МОЛИТВА**

Введение

Молитва является, предусмотренным Богом, средством для вхождения в Его присутствие. Посредством молитвы христиане могут получить восполнение своих нужд от Бога.

Через молитву, христиане получают от Бога

- Необходимое водительство
- Помощь
- Силу для жизни

Христиане, которые хотят, чтобы Бог услышал их молитвы, должны поклоняться Ему. Также, всем верующим христианам принесет много пользы и сделает их жизнь более плодотворной, если они будут отделять и посвящать время каждый день для молитвы и чтения Библии.

Самый сильный человек на земле это христианин, который знает, как молиться, и которому Бог отвечает на молитвы.

Чтобы молиться таким образом, нам необходима помощь Святого Духа, а еще мы должны тщательно следовать указаниям Слова Божьего, которые мы разберем на этом занятии.

❗ *Отрывок для заучивания наизусть: Иоан. 15:7*

☐ *Отметьте, когда выучите отрывок наизусть*
(Ежедневно повторяйте стих из предыдущего задания)

⬡ ВОПРОСЫ К ЗАНЯТИЮ

1. Каких людей ищет Бог? (Иоан. 4:23, 24)
_____

2. Чья молитва благоугодна Богу? (Прит. 15:8)
_____

3. Какая молитва дает большие результаты? (Иак. 5:16)
_____

4. Какие два условия мы должны выполнить, если хотим, чтобы Бог ответил на нашу молитву? (Иоан. 9:31)
(1) _____ (2) _____

5. Посредством чего мы имеем дерзновение входить в святое присутствие Божье? (Евр. 10:19)
_____

6. Назовите две вещи, с которыми мы должны входить в присутствие Божье? (Пс. 99:4)
(1) _____ (2) _____

7. Как должен христианин реагировать на ситуации в своей жизни, которые вызывают у него тревогу и беспокойство? (Фил. 4:6)
_____

8. Во имя Кого мы должны молиться и с какими мотивами? (Иоан. 14:13)
_____

9. При каких двух условиях мы можем просить у Бога желаемое? (Иоан. 15:7)
(1) _____
(2) _____

10. Запишите четыре препятствия в получении ответа на молитву согласно следующим стихам:
(1) (Пс. 65:18) _____
(2) (Иак. 1:6, 7) _____
(3) (Иак. 4:3) _____
(4) (1 Пет. 3:7) _____

11. С чем, порой, мы должны совмещать молитву, чтобы побеждать сатанинские силы? (Мар. 9:29)
_____

12. Какое необходимое условие мы должны выполнять во время молитвы, чтобы получить желаемое? (Мар. 11:24)

_____

13. Если мы имеем что-то против кого-то, начиная молиться, что мы должны сделать сначала? (Мар. 11:25)

_____

14. Как Бог поступит с нами, если мы будем прощать других во время молитвы? (Мар. 11:25)

_____

15. Как Бог поступит с нами, если мы не будем прощать других? (Мар. 11:26)

_____

16. В каких двух вещах мы можем быть уверены, если молимся по воле Божьей? (1 Иоан. 5:14, 15)

    (1) _____

    (2) _____

17. Как, по его словам, начинал каждый день Давид? (Пс. 5:4)

_____

18. Какие часы отводил Давид для молитвы 3 раза в день? (Пс.54:18)

    (1) _____ (2) _____ (3) _____

19. Как часто мы должны молиться помимо подобных регулярных часов? (Ефес. 6:18, 1 Фес. 5:17)

_____

20. Кто помогает нам молиться по воле Божьей, когда у нас нет сил или мы не знаем, как молиться правильно? (Рим. 8:26, 27)

_____

21. Каковы указания Иисуса для нашей уединенной молитвы? (Мф. 6:6)

_____

22. Как, по словам Иисуса, будет вознаграждена такая молитва? (Мф. 6:6)

_____

23. Какое мы имеем обетование, если собираемся с другими христианами на общую молитву во имя Иисуса? (Мф. 18:20)

_____

24. Как мы должны относиться к тем христианам, с которыми собираемся на совместную молитву? (Мф. 18:19)

_____

25. О ком мы должны молиться прежде всего? (1 Тим. 2:1, 2)

_____

26. Какое положение тела Павел рекомендует для молитвы? (1 Тим. 2:8)

_____

27. Каких двух неправильных умственных состояний мы должны остерегаться во время молитвы? (1 Тим. 2:8)

    (1) _____ (2) _____

28. К какому результату приводит отвеченная молитва? (Иоан. 16:24)

_____

❗ ***Отрывок для заучивания наизусть: Иоан. 15:7***
Напишите этот отрывок по памяти.

_____

_____

_____

❗ **НЕ ПЕРЕВОРАЧИВАЙТЕ ЭТУ СТРАНИЦУ ДО ТЕХ ПОР, ПОКА НЕ ОТВЕТИТЕ НА ВСЕ ВОПРОСЫ ДАННОГО ЗАДАНИЯ.**

⬡ ПРАВИЛЬНЫЕ ОТВЕТЫ И ИХ ОЦЕНКИ (В БАЛЛАХ)
ЗАНЯТИЕ № 7

Вопрос №	ОТВЕТ	Баллы
1.	Истинных поклонников, которые поклоняются Господу в духе и истине	2
2.	Молитва праведных	1
3.	Усиленная молитва праведного*	2
4.	(1) Чтить Бога	1
	(2) Творить волю Его	1
5.	Посредством крови Иисуса	1
6.	(1) Славословие (благодарение)	1
	(2) Хвала	1
7.	Всегда в молитве и прошении с благодарением открывать свои желания пред Богом	3
8.	Во имя Иисуса, чтобы Бог Отец был прославлен*	2
9.	(1) Если мы пребываем (живем) во Христе	1
	(2) Если Его слово пребывает в нас	1
10.	(1) Если видим беззаконие в своем сердце (знаем, что согрешаем)	1
	(2) Если сомневаемся и не просим с верою*	1
	(3) Если просим не на добро (с неправильными мотивами), чтобы удовлетворить свои собственные вожделения	1
	(4) Неправильные взаимоотношения между мужем и женой	1
11.	С постом	1
12.	Верить, что получим (во время молитвы)	1
13.	Мы должны простить	1
14.	Бог простит нас	1
15.	Бог не простит нас	1
16.	(1) Что Бог слушает нас	1
	(2) Что мы получаем просимое от Него	1
17.	Направляя свои молитвы к Богу и ожидая	2
18.	(1) Вечерние	1
	(2)Утренние	1
	(3) Полуденные	1
19.	Во всякое время, непрестанно	1
20.	Дух Святой	1
21.	Войти в свою комнату, затворить дверь и помолиться втайне	1
22.	Бог воздает нам явно	1
23.	Сам Иисус пребывает среди нас	1
24.	Мы должны согласиться с ними по вопросу, о котором будем молиться	2
25.	За царей и всех начальствующих	1
26.	Воздевая чистые руки	1
27.	(1) Гнева	1
	(2) Сомнения	1
28.	Наша радость становится совершенной (полной)	1
	Сверьте с Библией точность воспроизведения отрывка для заучивания наизусть. Если Вы воспроизвели дословно, то получаете 4 балла. (За каждую ошибку вычитается 1 балл. Если ошибок больше трех, то Вы не получаете ни одного балла)	4
ОБЩИЙ ИТОГ		**49**

25 баллов = 50%, 34 балла = 70%, 39 баллов = 80%

⊘ ПРИМЕЧАНИЯ К ПРАВИЛЬНЫМ ОТВЕТАМ

ЗАНЯТИЕ №7. *(Номера с левой стороны страницы соответствуют номерам правильных ответов на предыдущей странице.)*

Во всей Библии, особенно в Новом Завете, подчеркивается важная истина – Господь желает и способен отвечать на молитву (см. Мф. 7:7, 8). На самом деле, Бог больше хочет отвечать на молитвы, чем люди хотят молиться. Однако для того, чтобы получить ответ на молитву, мы должны соответствовать Божьим условиям. Большинство ответов, приведенных в этом задании, как раз и говорят об этих условиях, и их можно суммировать следующим образом:

5, 8, 23. Будучи грешниками, мы можем примириться с Богом только через искупительную жертву и ходатайственное служение Христа. Принимая этот факт, мы приходим к Богу посредством имени и крови Иисуса.

1, 4 (1), 6, 7.

Правильный подход: поклонение, благодарение, хвала.

1, 2, 3. 4 (2), 9 (1).

Соответствующий характер: хождение в истине, праведность*, безупречность, послушание (все это возможно, только если мы «пребываем во Христе»).

8, 10 (3), 10 (4), 13, 14, 15, 24, 27 (1).

Правильные мотивы: для прославления Бога, не для удовлетворения собственных вожделений. А также правильные взаимоотношения с другими людьми, особенно с нашими ближними.

9 (2), 16. 25.

Молиться по воле Божьей, раскрываемой в Его Слове.

10 (2), 12. 16 (2), 27 (2).

Принимать верой* ответ на нашу молитву в самый момент молитвы - «теперь время благоприятное» (2 Кор. 6:2).

17, 18, 19.

Регулярность и постоянство – не сдаваться (Ср. Лук. 18:1).

3. 11. 21, 26.

Усердие, самоотречение, преданность (посвящать себя молитве со смиренным сердцем, пребывая наедине с Господом)

20. Во всем этом мы не можем просто положиться на свою собственную волю, понимание или силу, но должны иметь сверхъестественную силу от Духа Святого.

22, 28. Вознаграждение за правильный подход к молитве.

ЗАНЯТИЕ № 8: **БОЖИЙ ПЛАН ИСЦЕЛЕНИЯ НАШЕГО ТЕЛА**
(Часть 1)

Введение

Когда в своем непослушании человек отвернулся от Бога, он потерял Божье благословение и покровительство и попал под проклятие и власть дьявола. Таким образом, дьявол получил возможность обрушить на человеческое тело различного вида боль, немощи и болезни.

Однако, будучи милостивым, Бог по-прежнему желает благословлять человека и спасать его от греха, и болезней. Поэтому Христос вознес на крест не только наши грехи, но и болезни. В этом заключается один из аспектов благой вести спасения*.

Итак, по вере* во Христа мы можем получать физическое исцеление тела точно так же, как и прощение и мир для души.

❗ *Отрывок для заучивания наизусть: 1 Петра 2:24*

☐ *Отметьте, когда выучите отрывок наизусть*
(Ежедневно повторяйте стих из предыдущего задания)

⬦ ВОПРОСЫ К ЗАНЯТИЮ
А. Кто насылает болезни и Кто дает здоровье?

1. Кто от начала обманул человека и искусил его ослушаться Бога? (Быт. 3:1-13); (1 Иоан. 3:8); (Отк. 12:9)
   _____

2. Почему болезни, боль и смерть пришли к человеку? (Быт. 3:14-19)
   _____

3. Кто стал причиной болезни Иова? (Иов. 2:7)
   _____

4. Кто стал причиной болезни женщины из Лук. 13:11-16? Как это выражалось?
   _____

5. Кто угнетает* людей через болезни? (Деян. 10:38)
   _____

6. Что обещает Бог Своему народу, который повинуется Ему? (Исх. 15:26)
   _____

7. Какие две вещи Бог обещает сделать для Своего народа, который служит Ему? (Исх. 23:25)
   (1) _____
   (2) _____

8. Кому принадлежат болезни: народу Божию или его врагам? (Втор. 7:15)
   _____

9. Запишите две вещи, которые Господь сделал для Давида? (Пс. 102:3)
   (1) _____
   (2) _____

10. Какие три благословения пожелал своему другу во Христе апостол Иоанн? (3 Иоан. 2)
    (1) _____
    (2) _____
    (3) _____

11. Сколько обетований Божьих мы имеем во Христе, говоря «да» и «аминь»? (2 Кор. 1:19, 20)
    _____

12. С какой целью Христос был явлен миру (пришел в этот мир)? (1 Иоан. 3:8)
    _____

13. С какой целью Бог помазал Иисуса Духом Святым? (Деян. 10:38)
_____

14. Чью волю пришел исполнить Христос? (Иоан. 5:30; 6:38)
_____

15. Кто творил чудеса через Христа? (Иоан. 10:37, 38; 14:10)
_____

16. Сколько из приходящих к нему больных исцелил Христос? (Мф. 8:16;12:15; 14:35, 36; Лук. 4:40; 6:19)
_____

17. Сколько видов болезней исцелял Христос? (Мф. 4:23-24; 9:35)
_____

18. Когда Иисус не совершил многих исцелений, по какой причине это случилось? (Мф. 13:58; Мар. 6:5, 6)
_____

19. Подвержен ли Бог изменениям? (Мал. 3:6; Иак. 1:17)
_____

20. Подвержен ли изменениям Христос Иисус? (Евр. 13:8)
_____

Б. Для чего Христос умер на кресте

21. Перечислите три вещи, которые взял на себя Христос вместо нас? (Мф. 8:17; 1 Пет. 2:24)
    (1) _____
    (2) _____
    (3) _____

22. Благодаря этому(см.ответы на предыдущий вопрос), каких трёх результатов мы достигаем в нашей жизни? (1 Пет. 2:24)
    (1) _____
    (2) _____
    (3) _____

23. Кто стал клятвою (проклятием) вместо нас? (Гал. 3:13)
_____

24. От чего Христос искупил нас? (Гал. 3:13)
_____

25. Сколько видов болезней были включены в проклятие Закона? (Втор. 28:15, 21, 22, 27, 28, 35, 59-61)
_____

26. Что призывает нас избрать Господь - благословение или проклятие? (Втор. 30:19)
_____

❗ *Отрывок для заучивания наизусть: 1 Петра 2:24*
Напишите этот отрывок по памяти.

_____
_____
_____

❗ НЕ ПЕРЕВОРАЧИВАЙТЕ ЭТУ СТРАНИЦУ ДО ТЕХ ПОР, ПОКА НЕ ОТВЕТИТЕ НА ВСЕ ВОПРОСЫ ДАННОГО ЗАДАНИЯ

⬡ ПРАВИЛЬНЫЕ ОТВЕТЫ И ОЦЕНКИ (В БАЛЛАХ)

ЗАДАНИЕ № 8

Вопрос №	ОТВЕТ	Баллы
1.	Змий — дьявол — сатана	1
2.	Потому что человек ослушался Бога	1
3.	Сатана - дьявол	1
4.	Сатана связал ее духом немощи	2
5.	Дьявол	1
6.	Не навести на них ни одной болезни Египтян — исцелить их	2
7.	(1) Благословить их хлеб и воду	1
	(2) Отвратить от них болезни	1
8.	Врагам народа Божьего	1
9.	(1) Господь простил все его беззакония	1
	(2) Господь исцелил все его болезни	1
10.	(1) Чтобы он преуспевал	1
(2)	Чтобы он здравствовал	1
(3)	Чтобы его душа преуспевала	1
11.	Все обетования Божьи	1
12.	Чтобы разрушить дела дьявола	1
13.	Чтобы творить добро и исцелять всех, угнетаемых* дьяволом	1
14.	Для исполнения воли Бога Отца	1
15.	Бог Отец	1
16.	Всех и каждого	1
17.	Все немощи и болезни	1
18.	Из-за неверия людей	1
19.	Нет, никогда	1
20.	Нет	1
21.	(1) Наши немощи	1
	(2) Наши болезни	1
	(3) Наши грехи	1
22.	(1) Мы мертвы для греха	1
	(2) Мы живы для правды (праведности)*	1
	(3) Его (Христовыми) ранами мы исцелились	1
23.	Иисус	1
24.	Христос искупил нас от клятвы (проклятия) закона	1
25.	Все болезни	1
26.	Благословение	1
	Сверьте с Библией точность воспроизведения отрывка для заучивания наизусть. Если Вы воспроизвели дословно, то получаете 4 балла. (За каждую ошибку вычитается 1 балл. Если ошибок больше трех, то Вы не получаете ни одного балла.)	4
ОБЩИЙ ИТОГ		**40**
20 баллов = 50%, 28 баллов = 70%, 32 балла = 80%		

⊙ ПРИМЕЧАНИЯ К ПРАВИЛЬНЫМ ОТВЕТАМ

ЗАНЯТИЕ №8. *(Номера с левой стороны страницы соответствуют номерам правильных ответов на предыдущей странице.)*

1-2.   Третья глава книги Бытия раскрывает первопричину всех человеческих страданий, указывая на дьявола. Вот что сказал о дьяволе сам Иисус: «...он был человекоубийца от начала...» (Иоан. 8:44).

3-5.   Если мы попытаемся найти источник всех болезней, то увидим, что это - дьявол. Болезнь это часть «дел дьявола» (1 Иоан. 3:8).

6.   Допустим и такой перевод соответствующего места из Писания: «Я Иегова, твой целитель» (Исх. 15:26).

9.   Обратите внимание на то, что в обеих фразах употребляется слово «все»: как беззакония, так и болезни.

10.   Заметьте, что Гаи, которому писал Иоанн, был образцовым верующим, «ходящим в истине» и «верности», как и подобало христианину (3 Иоан. 3-5).

11.   2 Кор. 1:20 опровергает представление, согласно которому обетование физического исцеления не действительно для современных христиан. «Все» Божьи обетования действительны (сейчас) для «нас» (всех христиан). То есть буквально: «Всякое обетование, которое соответствует моей ситуации и отвечает моей нужде, относится именно ко мне и именно сейчас».

13.   В служении исцеления активно задействованы все три ипостаси Бога. Отец помазал Сына Духом, В результате - исцеление для всех,

14-15.   Воля Отца полностью явлена для нас в жизни Иисуса. Это истинно для исцеления точно так же, как и для всего остального, что делал Иисус.

16-18.   Согласно свидетельству Евангелий, никто из пришедших ко Христу за исцелением, не ушел с «пустыми руками».

19-20.   Неизменная Евангельская истина основывается на неизменной природе Самого Бога.

21.   Как Матфей, так и Петр цитируют здесь Ис. 53:4, 5: «Но Он взял на Себя наши немощи и понес наши болезни». «Он» подразумевает Иисуса Христа. В 1 Петр. 2:24 слово, переведенное как «исцелились», означает физическое исцеление. От него в древнегреческом произошло слово «целитель», «врач». Истинно, Иисус – наш целитель, наш врач.

24.   «Проклятие закона» (Гал.3:13) означает то проклятие, которое навлекается в результате нарушения закона. Это проклятие полностью описано во Втор. 28:15-68. Сюда входят все виды болезней.

26.   Бог предлагает две противоположные пары: либо (а) «жизнь» и «благословение»; либо (б) «смерть» и «проклятие». Выбор за человеком.

ЗАНЯТИЕ № 9: **БОЖИЙ ПЛАН ИСЦЕЛЕНИЯ НАШЕГО ТЕЛА**
(часть 2)

Введение

Бог исцеляет наши тела. Мы можем получить исцеление, когда мы:

- Слушаем Слово Божье;
- Верим Слову Божьему;
- Верим и позволяем Духу Святому наполнить наши тела жизнью воскресшего* Христа.

Более того, мы также можем предложить исцеление и освобождение* другим людям во имя Иисуса. Освобождение – это избавление от нечистых духов. Есть два основных способа в осуществлении этого служения другим:

- Возложение рук на больных и молитва за них;
- Помазание больных елеем во имя Иисуса стоящими в вере пресвитерами (старейшинами) церкви.

Если мы сделаем это веруя*, то Господь будет нам содействовать и подтвердит истину своего Слова чудесами исцеления и освобождения*.

❗ *Отрывок для заучивания наизусть: Мар. 16:17, 18*

☐   *Отметьте, когда выучите отрывок наизусть*
(Ежедневно повторяйте стих из предыдущего задания)

⬡ ВОПРОСЫ К ЗАНЯТИЮ

В. Три способа исцеления

(1) Слово Божье, (2) Дух Божий, (3) Наша вера*.

27. Что посылает Бог для нашего исцеления и освобождения*? (Пс. 106:20)

_____

28. Назовите два благословения, которые Слово Божье приносит детям Божьим (Прит. 4:20-22)

(1) _____ (2) _____

29. Если в нас живет Дух Божий, то, что Он сделает для наших смертных тел? (Рим. 8:11)

_____

30. Что Бог хочет открыть (проявить) через наши смертные тела? (2 Кор. 4:10, 11)

_____

31. Что искал Иисус в тех, кто приходил к Нему за исцелением? (Мф. 9:28, 29; Мар. 2:5 и 9:23; Лук. 8:50)

_____

32. Чем Петр объяснил исцеление хромого? (Деян. 3:16)

_____

33. Что увидел Павел в хромом муже из Листры, позволившее тому получить исцеление? (Деян. 14:8-10)

_____

34. Как к нам приходит вера*? (Рим. 10:17)

_____

Г. Власть, данная верующим

35. Какие два вида власти Христос дал Своим ученикам? (Мф. 10:1)

(1) _____

(2) _____

36. Какие четыре заповеди Христос дал Своим ученикам? (Мф. 10:8)

    (1) _____

    (2) _____

    (3) _____

    (4) _____

37. Какими двумя причинами Христос объяснил неудачную попытку Своих учеников исцелить эпилептика? (Мф. 17:20, 21; Мар. 9:29)

    (1) _____

    (2) _____

38. Какие две вещи способен сделать, по словам Иисуса, верующий в Него? (Иоан. 14:12)

    (1) _____

    (2) _____

39. Что могут верующие сделать во имя Иисуса для больных? (Мар. 16:17, 18)

    _____

40. Что произойдет с такими больными? (Мар. 16:18)

    _____

41. Что должен сделать больной христианин? (Иак. 5:14)

    _____

42. Что должны сделать пресвитера церкви для больного христианина? (Иак.5:14)

    (1) _____

    (2) _____

43. Что сделает Господь для такого христианина? (Иак. 5:15)

    (1) _____

    (2) _____

44. Какая молитва исцелит болящего? (Иак. 5:15)

    _____

45. О каких двух вещах ученики молились Богу во имя Иисуса? (Деян. 4:29, 30)

    (1) _____

    (2) _____

46. Что делал Господь для учеников, когда они шли и проповедовали? (Мар. 16:20)

    (1) _____

    (2) _____

❗ ***Отрывок для заучивания наизусть: Мар. 16:17, 18***
Напишите этот отрывок по памяти.

_____

_____

_____

_____

❗ **НЕ ПЕРЕВОРАЧИВАЙТЕ ЭТУ СТРАНИЦУ ДО ТЕХ ПОР, ПОКА НЕ ОТВЕТИТЕ НА ВСЕ ВОПРОСЫ ДАННОГО ЗАДАНИЯ**

⬡ ПРАВИЛЬНЫЕ ОТВЕТЫ И ИХ ОЦЕНКИ (В БАЛЛАХ)
ЗАНЯТИЕ № 9

Вопрос №	ОТВЕТ	Баллы
27.	Свое (Божье) Слово	1
28.	(1) Жизнь	1
	(2) Здоровье для всего тела	1
29.	Он оживит наши смертные тела	1
30.	Жизнь Иисуса	1
31.	Веру*	1
32.	Вера* во имя Иисуса исцелила его	2
33.	У хромого была вера* на получение исцеления	1
34.	Через слышание Слова Божьего	2
35.	(1) Власть для изгнания нечистых духов	2
	(2) Власть для исцеления всех немощей и болезней	2
36.	(1) Исцелять больных	1
	(2) Очищать прокаженных	1
	(3) Воскрешать мертвых	1
	(4) Изгонять бесов	1
37.	(1) Их неверием	1
	(2) Сей род изгоняется только постом и молитвою	1
38.	(1) Дела, которые Он творил	1
	(2) Больше сих дел	1
39.	Верующие могут возложить на больных руки во имя Иисуса	1
40.	Они выздоровеют	1
41.	Он должен призвать пресвитеров церкви	1
42.	(1) Помолиться над ними	1
	(2) Помазать его елеем во имя Господне (Иисуса)	1
43.	(1) Восстановить ему здоровье	1
	(2) Простить ему грехи, если он их совершил	1
44.	Молитва веры*	1
45.	(1) Дать им со смелостью говорить Слово Божье	1
	(2) Соделать чудеса и знамения	1
46.	(1) Господь содействовал им	1
	(2) Он подкреплял Свое слово последующими знамениями	2
	Сверьте с Библией точность воспроизведения отрывка для заучивания наизусть. Если Вы воспроизвели дословно, то получаете 4 балла за каждый стих. (За каждую ошибку вычитается 1 балл. Если Вы допустили больше трех ошибок в одном из стихов, то этот стих не засчитывается)	8
ОБЩИЙ ИТОГ		**44**
22 балла = 50%, 31 балл = 70%, 35 баллов = 80%		

⬭ ПРИМЕЧАНИЯ К ПРАВИЛЬНЫМ ОТВЕТАМ
ЗАНЯТИЕ №9. *(Номера с левой стороны страницы соответствуют номерам правильных ответов на предыдущей странице.)*

27-34. В Псалме 32:6 описывается, что Господь использовал Свое Слово и Свой Дух для сотворения мира. Божий Дух означает Святой Дух. Все было сотворено совместным действием Слова и Духа Божьего. То же самое можно сказать и о Божьем восстанавливающем действии исцеления. Оно совершается совместным действием Слова и Духа Божьего. Каналом получения исцеления является наша вера*.

28. Прит. 4:20-22. Эти стихи и есть чудесное Божье лекарство. Однако употреблять это лекарство следует согласно предписаниям, которых четыре: (1) «Внимай» Божьему слову, (2) «Приклони ухо твое» (будь смирен и готов к учению), (3) «Да не отходят они от глаз твоих», (4) «храни их внутри сердца твоего».

Мы принимаем это лекарство по четырем каналам: ум, ухо, глаз и сердце.

30. Бог желает, чтобы жизнь воскресшего* Христа «открылась» (проявилась) в нашей «смертной плоти» (2 Кор. 4:10, 11). Через Иисуса, Бог дарует исцеление, здоровье и силы нашему телу в этой жизни.

34. Рим. 10:17. Во-первых, Слово Божье является источником «слышания». «Слышание» рождает «веру*». 4 фазы «слышания» описаны в Прит. 4:20, 21.

35-36. Задумайтесь об этом: когда ученики Христа были посланы на проповедь, то всегда подразумевалось, что они будут исцелять народ и освобождать* их от бесов.. Сравните Мф. 10:8 и Мф. 28:20: «Уча соблюдать их все, что Я повелел вам; им се, Я с вами во все дни до скончания века». «Скончание века» – это время, в которое мы живем. Христос повелел, чтобы тот вид служения, который Он установил для Своих учеников, оставался неизменным для всех последующих поколений учеников до окончания этого века. Это подразумевает и нас сегодня, как Его учеников.

37(2). Сам Христос постился. И от Своих учеников Он ожидал того же (Мф. 6:16-18). Однако ученики не делали этого, пока Иисус («Жених») оставался с ними на земле (Мар. 2:18-20).

38. Служение Иисуса является образцом для всякого христианского служения. Дух Святой, посланный Иисусом после его возвращения к Отцу, творит обещанные Им дела через верных Христовых последователей.

39. Обетование в Мар. 16:17, 18 относится, в общем, ко всем верующим – то есть к тем, кто являются «уверовавшими».

39-44. Более подробно этот вопрос рассмотрен в главе «Возложение рук», моей книги «Твердое основание христианской жизни».

41. Это наша ответственность призвать пресвитеров церкви, если мы заболели.

45. Деяния 4:30 и по сей день является образцом молитвы для церкви Христовой.

ЗАНЯТИЕ № 10: **СВИДЕТЕЛЬСТВО И ПРИОБРЕТЕНИЕ ДУШ**

Введение:

Своей искупительной смертью на кресте Христос сделал спасение доступ¬ным для всех людей повсюду. Для того, чтобы спастись, каждый человек должен сначала услышать Слово Божье и свидетельство о Христе.

Каждый спасенный человек должен исполниться Духа Святого и затем положиться на эту силу для свидетельства о Христе другим людям. Если это будет сделано искренне каждым верующим, сви-детельство о Христе будет распространяться, пока не достигнет концов земли и пока все на-роды не услышат его. В этом состоит Божий замысел.

Все христиане могут сотрудничать в этом направлении, подготавливая почву для возвраще-ния Христа. Христиане, которые верны в свидетельстве, получат награду от Самого Христа и будут радоваться, встретив на небе души, которые были приобретены через их свидетельство. Невер-ные христиане отве¬тят перед Богом за те потерянные души, которым они не засвидетельство-вали.

❗ ***Отрывок для заучивания наизусть: Деян. 1:8***

☐ *Отметьте, когда выучите отрывок наизусть*
(Ежедневно повторяйте стих из предыдущего задания)

⬢ ВОПРОСЫ К ЗАНЯТИЮ

1. Какое служение Христос предназначил для Своих учеников? (Деян. 1:8)
   _____

2. Как далеко должно было распространиться свидетельство Христовых уче¬ников? (Деян. 1:8)
   _____

3. Кого должно достигнуть это свидетельство перед концом этого века? (Мат. 24:14)
   _____

4. По словам Петра свидетелями каких трех фактов из жизни Христа был он сам и другие учени-ки? (Деян. 10:39-41)
   (1) _____
   (2) _____
   (3) _____

5. Что Бог повелел Павлу делать для Христа? (Деян. 22:15)
   _____
   _____

6. Что Павел продолжал делать с того дня, когда он узнал Иисуса? (Деян. 26:22)
   _____
   _____

7. Что делает своим свидетельством верный свидетель? (Прит. 14:25)
   _____

8. К чему должен стремиться мудрый Христианин? (Прит. 11:30)
   _____

9. Кого привел к Иисусу Андрей, встретившись с Ним? (Иоан. 1:35-42)
   _____

10. После того, как Иисус нашел Филиппа, кого тот, в свою очередь, привел к Нему? (Иоан. 1:43-47)

11. Что ответил фарисеям после исцеления слепорожденный? (Иоанн 9:25)

    _____

12. О каких двух истинах мы должны говорить и возвещать другим людям? (1 Пар. 16:8, 9)

    (1)_____ (2)_____

13. Что Бог велел Павлу, когда Коринфяне противостали его свидетельству? (Деян. 18:9)

    _____

14. На какой дух не от Бога Павел указывает Тимофею? (2 Тим. 1:7)

    _____

15. К чему приводит боязнь перед людьми? (Прит. 29:25)

    _____

16. Какое наставление касательно свидетельства Христова дает Павел Тимофею? (2 Тим. 1:8)

    _____

17. Какие два ответа дали Петр и Иоанн, когда им повелели не говорить об Иисусе?

    (1) (Деян. 4:20) _____

    (2) (Деян. 5:29) _____

18. Что сделали все ученики, когда услышали, что Петру и Иоанну запретили говорить об Иисусе? (Деян. 4:24)

    _____

19. Что делали ученики после того, как они помолились и исполнились Духа Святого? (Деян. 4:31)

    _____

20. Какое особое положение среди Израильского народа Бог дал Иезекиилю? (Иез. 3:17)

    _____

21. Что должно было случиться с Иезекиилем, если бы он не предупреждал грешников? (Иез. 3:18)

    _____

22. О чем Павел свидетельствовал всем в Ефесе? (Деян. 20:21)

    (1) _____

    (2) _____

23. Почему Павел мог сказать о себе, что он чист от крови всех людей в Ефесе? (Деян. 20:26, 27)

    _____

24. Какая конечная награда ожидает всех верных свидетелей Христовых? (2 Тим. 4:8)

    _____

❗ ***Отрывок для заучивания наизусть: Деян. 1:8***

Напишите этот отрывок по памяти.

_____

_____

_____

_____

❗ **НЕ ПЕРЕВОРАЧИВАЙТЕ ЭТУ СТРАНИЦУ ДО ТЕХ ПОР,
ПОКА НЕ ОТВЕТИТЕ НА ВСЕ ВОПРОСЫ ДАННОГО ЗАДАНИЯ**

⬡ ПРАВИЛЬНЫЕ ОТВЕТЫ И ОЦЕНКИ (В БАЛЛАХ)
ЗАНЯТИЕ №10

Вопрос №	ОТВЕТ	Баллы
1.	Он поставил их быть Своими свидетелями	1
2.	До края земли	1
3.	Всех народов	1
4.	(1) Того, что Он сделал	1
	(2) Его смерти (3) Его воскресения	2
5.	Быть Его свидетелем перед всеми людьми о том, что он видел и слышал	3
6.	Он свидетельствовал малым и великим о том, о чем пророки и Моисей говорили, что это будет	3
7.	Он спасает души	1
8.	Привлекать души	1
9.	Своего брата, Симона Петра	1
10.	Нафанаила	1
11.	«Одно знаю, что я был слеп, а теперь вижу»	2
12.	(1) О Божьих делах (2) О Его чудесах	2
13.	«Не бойся, но говори и не умолкай»	2
14.	На дух боязни	1
15.	Она становиться сетью	1
16.	Не стыдиться свидетельства Христова	2
17.	(1) «Мы не можем не говорить того, что видели и слышали»	2
	(2) «Должно повиноваться больше Богу, нежели человекам»	1
18.	Они все единодушно помолились Богу	1
19.	Они говорили Слово Божие с дерзновением	1
20.	Он поставил его стражем дому Израилеву	1
21.	Бог взыскал бы их кровь с рук его	1
22.	(1) Покаяние перед Богом	1
	(2) Веру в Господа нашего Иисуса Христа	1
23.	Потому что он не стыдился возвещать всем волю Божию	2
24.	Венец правды	1
	Сверьте с Библией точность воспроизведения отрывка для заучивания наизусть. Если Вы воспроизвели дословно, то получаете 4 балла за каждый стих. (За каждую ошибку вычитается 1 балл. Если Вы допустили больше трех ошибок в одном из стихов, то этот стих не засчитывается)	4
ОБЩИЙ ИТОГ		**44**

22 балла = 50%, 31 балл = 70%, 35 баллов = 80%

⦿ ПРИМЕЧАНИЯ К ПРАВИЛЬНЫМ ОТВЕТАМ

ЗАНЯТИЕ №10. *(Номера с левой стороны страницы соответствуют номерам правильных ответов на предыдущей странице.)*

1. Центром свидетельства христиан должен быть САМ ХРИСТОС, а не отдельная доктрина, опыт или деноминация. Иисус сказал: «И когда Я буду вознесен от земли, всех привлеку к Себе» (Иоан. 12:32). Свидетельство христиан должно возносить Иисуса и, чтобы это было эффективно, это должно направляться Духом Святым и с Его силой.

2. Сравните Деян. 1:21, 22 и 4:33. Главной темой всякого свидетельства о Христе является ЕГО ВОСКРЕСЕНИЕ из мертвых.

5-6. Свидетельство Павла является образцом для всех христиан. Оно было основано на личном опыте; оно указывало на Христа; оно подтверждалось Писаниями.

7-8. Самым эффективным способом приобретения душ для Христа является верное личное свидетельство.

9-10. Петр стал лидером среди апостолов и главным проповедником, но первым ко Христу пришел его брат Андрей, который, в свою очередь, и привел Петра. Таким же образом, Филипп привел Нафанаила. Итак, образец служения по приобретению душ для Господа, дан самими апостолами.

11. Кто-то сказал: «Перед личным опытом не устоит ни один аргумент». Это означает, что личный опыт говорит больше, чем просто слова.

12. Разговоры христиан должны быть позитивными, прославляющими Бога и назидающими их веру и веру их слушателей.

13-16, 19.

«Дух боязни» (стеснительность), о котором писал Апостол Павел во 2-ом Тим. 1:7, блокирует вашу способность свидетельствовать, чтобы другие уверовали. Библия ясно говорит, что этот дух не от Бога. Христианин не должен позволять себе быть пойманным или связанным этим духом. Решение этой проблемы – это исполнение Духом Святым.

17(2). Выбор между повиновением Богу и человеку часто ясно виден. Ответ Петра и Иоанна действителен и сегодня.

18. Молитва является мощным оружием, данным христианам, чтобы разрушать преграды для своего свидетельства.

20-23. Когда у нас есть шанс свидетельствовать людям, Бог считает проступком если мы не делаем этого. Иезекииль в Ветхом Завете и Апостол Павел в Новом понимали это. Бог требовал от Павла ничего не скрывать. Бог хотел, чтобы Павел открыто возвещал «всю волю Божью» (Деян. 20:27). И Бог по-прежнему требует этого от современных христиан.

ЗАНЯТИЕ № 11: **БОЖИЙ ПЛАН ПРОЦВЕТАНИЯ**

Введение

На протяжении всей Библии Бог обещает благословение и благосостояние тем, кто доверяет и служит Ему. Чтобы получать Божьи финансовые и материальные благословения, мы должны научиться следовать Божьему правилу веры*, которое говорит: «Давайте, и дастся вам» (Лк. 6:38).

Мы начинаем с возвращения Богу десятой части того, что мы получаем, будь то деньги или продукция. Это называется «десятиной». Руководствуясь Духом Святым, мы можем давать сверх этой «десятины» - это «приношение» Богу. По мере того, как мы делаем это в вере, Бог полностью благословляет нас и удовлетворяет все наши нужды.

❗ *Отрывок для заучивания наизусть:* **Мф. 6:33**

☐   *Отметьте, когда выучите отрывок наизусть*
           (Ежедневно повторяйте стих из предыдущего задания)

◗ ВОПРОСЫ К ЗАНЯТИЮ

А. Примеры процветавших Божьих служителей

1. Что дал Авраам Мелхиседеку, священнику Бога Всевышнего, когда Бог даровал ему победу в битве? (Быт. 14:19, 20)
   _____

2. Как, в свою очередь, Бог поступил с Авраамом? (Быт. 24:1)
   _____

3. Назовите четыре вещи, которые Иаков хотел, чтобы Бог сделал для него? (Быт. 28:20)
   (1) _____
   (2) _____
   (3) _____
   (4) _____

4. Что, в свою очередь, Иаков пообещал Богу? (Быт. 28:22)
   _____

5. Как Бог, в свою очередь, поступил с Иаковом? (Быт. 33:11)
   _____

6. Каким человеком был Иосиф? (Быт. 39:2)
   _____

7. Почему Иосиф преуспел? (Быт, 39:2, 23)
   _____

8. Какие три заповеди Бог дал Иисусу Навину касательно Своего закона? (Иис. Н. 1:8)
   (1) _____
   (2) _____
   (3) _____

9. Что Бог пообещал Иисусу Навину, если тот выполнит эти условия? (Иис. Н. 1:8)
   _____

10. Что Давид пообещал Соломону, если тот будет исполнять все уставы и законы* Божьи? (1 Пар. 22:13)
    _____

11. Что Бог делал для Озии, когда тот прибегал к нему? (2 Пар. 26:5)
    _____

12. Как складывалась жизнь Езекии, когда он, искал Бога и служил Ему от всего сердца своего? (2 Пар. 31:21; 32:30)
    _____

Б. Условия и обетования процветания

13. Говоря об определенном типе человека, Бог сказал, что «во всем, что он ни делает, успеет» (Пс. 1:3)

    (а) Перечислите три вещи, которые такой человек НЕ ДОЛЖЕН делать (Пс. 1:1)

    (1) _____ (2) _____ (3) _____

    (б) Перечислите две веши, которые такой человек ДОЛЖЕН делать (Пс. 1:2)

    (1) _____ (2) _____

14. В каких двух вещах, по слову Божьему, Израиль обкрадывал Бога? (Мал. 3:8)

    (1) _____ (2) _____

15. Что случилось с Израилем, как результат обкрадывания им Бога? (Мал. 3:9)

    _____

16. Как Бог говорит Израилю «испытать» (т. е. проверить) Его? (Мал. 3:10)

    _____

17. Что Бог пообещал Израилю, если они послушаются Его в этом? (Мал. 3:10)

    _____

18. Что Христос повелел всем христианам искать в первую очередь? (Мф. 6:33)

    (1) _____ (2) _____

19. Исполнение, какого обетования Христова последует в этом случае? (Мф. 6:33)

    _____

20. Какой мерой отмерится нам, если мы будем давать? (Лк. 6:38)

    _____

21. Как Павел советовал каждому христианину определять, сколько откладывать для Бога? (1 Кор.16:2)

    _____

22. С какой целью обнищал Христос? (2 Кор. 8:9)

    _____

23. Какого человека любит Бог? (2 Кор. 9:7)

    _____

24. Если мы хотим щедро пожать, то что мы должны сделать прежде? (2 Кор. 9:6)

    _____

25. Если Бог обогащает нас Своей благодатью какие два результата последуют? (2 Кор. 9:8)

    (1) _____

    (2) _____

26. Каких людей Бог не лишает благ? (Пс. 83:12)

    _____

27. Какие люди не терпят нужды ни в каком благе? (Пс. 33:11)

    _____

28. Что Господь желает Своему рабу? (Пс. 34:27)

    _____

❗ *Отрывок для заучивания наизусть: Мф. 6:33*
Напишите этот отрывок по памяти.

_____

_____

_____

❗ **НЕ ПЕРЕВОРАЧИВАЙТЕ ЭТУ СТРАНИЦУ ДО ТЕХ ПОР, ПОКА НЕ ОТВЕТИТЕ НА ВСЕ ВОПРОСЫ ДАННОГО ЗАДАНИЯ**

⬢ ПРАВИЛЬНЫЕ ОТВЕТЫ И ИХ ОЦЕНКИ (В БАЛЛАХ)
ЗАНЯТИЕ № 11

Вопрос №	ОТВЕТ	Баллы
1.	Он дал ему десятую часть из всего	1
2.	Бог благословил Авраама всем	1
3.	(1) Быть с ним	1
	(2) Сохранить его в пути, которым он шел	1
	(3) Хлеб, чтобы есть,	1
	(4) Одежду, чтобы одеться	1
4.	Десятую часть всего, что Бог даст ему	1
5.	Бог даровал ему все	1
6.	Он имел успех в делах	1
7.	Господь был с Иосифом, и тот был успешен в делах	1
8.	(1) Чтобы он не отходил от уст его	1
	(2) Чтобы он поучался* в нем день и ночь	1
	(3) Чтобы он исполнял в точности все, что в нем написано	1
9.	Что он будет успешен в путях своих и будет поступать благоразумно	2
10.	«Тогда ты будешь благоуспешен»	1
11.	Бог споспешествовал ему	1
12.	Он имел успех во всяком деле	1
13.	(а) (1) НЕ ходить па совет нечестивых	1
	(2) НЕ стоять на пути грешных	1
	(3) НЕ сидеть в собрании развратителей	1
13	(б) (1) Он ДОЛЖЕН радоваться закону Господню	1
	(2) Он ДОЛЖЕН размышлять о нем день н ночь	1
14.	(1) Десятиною.	1
	(2) Приношениями	1
15.	Весь народ был проклят проклятием	1
16.	Принести все десятины в дом хранилища	1
17.	Открыть отверстия небесные и излить на них благословения до избытка	2
18.	(1) Царствия Божия.	1
	(2) Правды * Божьей	1
19.	Им приложатся все материальные блага, которые им нужны	1
20.	Той же самой мерою, какою мы отмериваем	1
21.	Сколько позволяет ему состояние (данное ему Богом)	1
22.	Дабы мы обогатились Его нищетой	1
23.	Доброхотно дающего	1
24.	Мы должны щедро сеять	1
25.	(1) Мы всегда и во всем будем иметь всякое довольство	1
	(2) Мы будем богаты на всякое доброе дело	1
26.	Ходящих в непорочности	1
27.	Ищущие Господа	1
28.	Желает ему мира	1
	Сверьте с Библией точность воспроизведения отрывка для заучивания наизусть. Если Вы воспроизвели дословно, то получаете 4 балла. (За каждую ошибку вычитается 1 балл. Если ошибок больше трех, то Вы не получаете ни одного балла.)	4
ОБЩИЙ ИТОГ		**47**
24 балла = 50%, 33 балла = 70%, 38 баллов = 80%		

❂ ПРИМЕЧАНИЯ К ПРАВИЛЬНЫМ ОТВЕТАМ

ЗАНЯТИЕ №11. *(Номера с левой стороны страницы соответствуют номерам правильных ответов па предыдущей странице.)*

1-5. Обратите внимание на то, что «десятина» стала практиковаться еще до закона Моисеева. Первым человеком, давшим десятину, о котором написано в Библии, был Авраам. В Рим. 4:11, 12 он назван «отцом всех верующих... ходящих по следам веры* отца нашего Авраама». Верующие, которые сегодня дают десятину Богу, определенно ходят по следам веры* отца нашего Авраама.

Обратите также внимание, что священником, которому Авраам дал десятину, был Мелхиседек. А в Послании к Евреям, главах 5 – 7, говорится, что Христос является нашим великим Первосвященником «по чину Мелхиседека». В этом качестве Он и по сей день получает десятины от Своего верующего народа.

Как Авраам, так и Иаков получали материальные благословения от Бога в результате жертвования десятины. В Быт. 32:10, Иаков говорит: «Я с посохом моим перешел этот Иордан; а теперь у меня два стана». Когда Иаков начал давать десятины Богу, у него не было ничего, кроме посоха в руке. Двадцать лет спустя он стал главой большого и процветающего дома.

6-7. Тяжелые внешние обстоятельства не могут помешать Богу сдержать Свое обещание. Иосиф преуспевал даже в темнице. И когда он стал надзирателем над домом фараона и над всем Египтом, он преуспел еще сильнее. Его успех было результатом его характера и его взаимоотношений с Богом.

8-9. Иисус Навин был призван, чтобы ввести народ Божий в «землю обетованную». Сегодня христиане призваны войти в «землю обетований». Тогда или теперь, условия для достижения успеха те же самые. Особенно обратите внимание на важность правильного поучения* (или размышления). Сравните с ответом на вопрос 13(б) (2).

10-12. Со времен Давида до Вавилонского пленения, Бог давал процветание всем царям Иудеи, которые были послушны закону и преданы в храмовом служении.

13. Обратите внимание, что Пс. 1:1-3 относится ко всем верующим, которые вы¬полняют перечисленные условия.

14-15. Если народ Божий неверен в жертвовании Богу, это может привести страну к проклятию. Этот принцип срабатывает и сегодня и применим ко всем народам, не только к древнему Израилю.

16-21. Единственным приемлемым для Бога основанием праведности является вера*. «Все, что не по вере*, грех» (Рим, 14:23). Сравните Евр. 11:6. Этот принцип применим к нашим финансовым делам точно так же, как и к другим сферам нашей жизни.

22. Согласно Библии, бедность является проклятием. Во Втор. 28:15-68 перечисляются все проклятия,, которые приходят от нарушения закона Божьего. В стихе 48 указано следующее: «Будешь служить врагу твоему... в голоде... жажде... наготе... во всяком недостатке». Это абсолютная нищета. На кресте Христос взял на Себя все эти проклятия (Гал. 3:13, 14). Он голодал, жаждал, был наг, нуждался во всем. Он перенес это для того, чтобы верующие могли получить обильное Божье обеспечение на всякую нужду (Фил. 4:19).

23. Дословно «доброхотно» (2 Кор. 9:7) в переводе с еврейского означает с радостью.

24. Христиане должны давать точно так же, как сеятель сеет семя, — осторожно, разумно, с таким расчетом, чтобы Царство Божье получило наибольшую прибыль.

26-28. Процветание – это воля Божья для Его народа, ходящего в вере и послушании.

⬤ ВТОРЫЕ ПРОМЕЖУТОЧНЫЕ ИТОГИ

Поздравляем!

Вы выполнили первые одиннадцать заданий – больше половины курса.

Спасение было центром первых шести заданий, заложившим фундамент вашей жизни во Христе. Вы узнали о важности водного крещения и о том, что это значит быть крещенным Святым Духом.

С пяти последних пройденных занятий начался ваш переход на более глубокий уровень жизни во Христе. Эти темы рассказали вам о поклонении, молитве, свидетельстве и распространении Благой Вести. Вы также встретились, лицом к лицу, с Божьим обеспечением ваших естественных и материальных нужд.

Подумайте об этом! Теперь у вас есть решение не только своих собственных проблем, но и ответ для огромного количества других людей, которые борются и страдают так же, как и вы раньше. Вы больше не часть проблемы, вы часть ее решения! Вы можете быть светом для всех людей вокруг вас, еще пребывающих во мраке. Вы перешли с основ на другой уровень и можете теперь рассказать другим о Христе и поделиться с ними своим опытом.

А вот это уже серьезная ответственность! Будь вы сами по себе, то никогда не смогли бы справиться с этим заданием. Но Господь не оставил вас без поддержки. Он приготовил для вас все необходимое снаряжение, чтобы вы могли вести жизнь, которая будет отражением Его благодати и славы во всех обстоятельствах.

К этом моменту вы исследовали Писание и нашли ответы на 170 конкретных вопросов, а еще выучили наизусть шестнадцать отрывков из Библии. Ваше знание Писаний стремительно нарастает!

Когда вы перейдете к следующим пяти занятиям, то начнете осознавать важность Израиля в Библии. Каким был Божий план для Его народа? Вы увидите, как ветхозаветные пророчества исполнились в Новом Завете, и поймете, в чем схожи служения Иисуса и Моисея.

❗ ИТОГОВОЕ ЗАНЯТИЕ

Повторение пройденного материала

Прежде чем приступить к следующим занятиям, убедитесь, что вы точно понимаете все изученное на занятиях с 7 по 11-ое. Ухватив суть пройденного материала, вы будете более подготовлены к прохождению следующего этапа обучения.

В этом итоговом занятии используется метод, аналогичный предыдущему.

Во-первых, внимательно перечитайте все вопросы предыдущих пяти занятий вместе с соответствующими правильными ответами. Убедитесь, что вы знаете правильный ответ на каждый вопрос и понимаете, почему именно этот ответ верный.

Во-вторых, повторите все отрывки Писания, которые вы выучили наизусть к последним пяти пройденным занятиям.

В-третьих, прочтите внимательно следующие вопросы и подумайте, как вы могли бы на них ответить. Каждый вопрос тем или иным образом относится к изученному материалу.

1. Как вы могли бы обосновать по Писанию, свою веру, что Господь и сегодня исцеляет тех, кто доверяет Ему?
2. Какие три способа исцеления использует Бог? Как вы можете ими воспользоваться?
3. Напишите краткое свидетельство, о том, как Господь коснулся вашей жизни, которым вы могли бы поделиться с другими.
4. Опишите кратко, человека, которому Господь обещает, что «во всем, что он ни делает, успеет» (Пс. 1:3)

И последнее, запишите на отдельном листе свои ответы на данные вопросы.

* * *

За выполнение этого обзорного задания не дается баллов. Его цель помочь вам собрать воедино все, что вы узнали.

❗ КОГДА ВЫ БУДЕТЕ ДОВОЛЬНЫ СВОИМИ РЕЗУЛЬТАТАМИ, ПЕРЕВЕРНИТЕ СТРАНИЦУ И ПЕРЕХОДИТЕ К ЗАНЯТИЮ №12.

ЧАСТЬ 3

ИЗРАИЛЬ: НАРОД, ИЗБРАННЫЙ БОГОМ

ЗАНЯТИЕ № 12: **БОЖИЙ ОСОБЫЙ ПЛАН**

Введение

Примерно в 1900 году до н.э., Бог избрал одного человека по имени Аврам (позднее ему дано было имя Авраам) стать отцом народа, для которого Господь приготовил особенную судьбу. Бог заключил с Авраамом завет, в котором пообещал, что все народы благословятся через семя Авраамово. Господь подтвердил верность обещания данного завета сыну Авраама, Исааку, и его внуку Иакову (имя которого Он изменил на Израиль).

Четыреста тридцать лет спустя через Моисея Бог заключил дополнительный завет с потомками Иакова, народом Израиля, в котором Он дал им полный свод законов и раскрыл более полную картину их предназначения. Потом Господь посылал Израилю пророков, которые предвещали, как будет осуществляться предназначение народа.

❗ ***Отрывок для заучивания наизусть: Исх. 19:5, 6***

☐ *Отметьте, когда выучите отрывок наизусть
(Ежедневно повторяйте стих из предыдущего задания)*

➤ **ВОПРОСЫ К ЗАНЯТИЮ**

А. Бог открывает Свой план Аврааму

1. Сколько человек будут благословлены через Авраама по слову Господа? (Быт. 12:3)
   _____

2. На основании чего Господь провозгласил Авраама праведным*? (Быт. 15:6)
   _____

3. Скольким людям Господь пообещал, что Авраам будет их отцом? (Быт. 17:4, 5)
   _____

4. С кем Бог заключил вечный завет? (Быт. 17:7)
   _____

5. Что пообещал Господь Аврааму, заключая с ним завет? (Быт. 17:7)
   _____

6. Какие два потомка Авраама были позже поименно включены в этот завет? (Исх. 6:3, 4), (Лев.26:42)
   _____

7. Какое новое имя дал Бог Иакову? (Быт. 35:10)
   _____

8. Какие два образа использовал Господь, чтобы показать Аврааму, насколько многочисленным будет его потомство? (Быт. 22:17)
   (1)_____ (2)_____

9. Сколько человек пообещал Господь благословить через семя Авраамово? (Быт. 22:18)
   _____

10. Почему Бог дал Аврааму такое обещание? (Быт. 22:18)
    _____

11. Что, по требованию Господа, Авраам должен был заповедать своим сыновьям и своему дому, чтобы получить обещанное Богом? (Быт. 18:19)
    _____

Б. Божьи цели, открытые Моисею

12. Какими были первые два требования, которые Бог предъявил к Израилю, когда они пришли к горе Синай? (Исх. 19:5)
    (1)_____
    (2)_____

13. Кем Бог пообещал сделать народ Израильский, если они выполнят поставленные условия? (Исх. 19:5, 6)
    (1)_____
    (2)_____
    (3)_____

14. Что еще пообещал Господь на тех же условиях? (Втор. 28:1)

_____

15. Как это повлияет на отношение других людей к Израилю? (Втор. 28:10)
    (1)_____
    (2)_____

16. Что произойдет, если Израиль будет соблюдать завет Господа? (Втор. 29:9)

_____

В. Божьи цели, открытые в Псалмах и через Пророков

17. Запишите, как Божья милость и благословение Израиля повлияет на остальной мир? (Пс. 66:2, 3)
    (1)_____
    (2)_____

18. Господь обещает положить Дух Свой на Своего избранного Отрока . Что этот Отрок сделает для язычников*? (Исайя 42:1)

_____

19. Запишите две вещи, к чему Господь призовет этого Отрока для Израиля и язычников*? (Исаия 42:6)
    (1)_____
    (2)_____

20. Назовите, для чего Господь избрал Израиля? (Исаия 43:10)
    (1)_____ (2)_____

21. Назовите три пути, которыми Бог желал, чтобы Израиль ответил на Его откровение о Самом Себе? (Исаия 43:10)
    (1)_____ (2)_____
    (3)_____
    Пророческие откровения рисуют нам картины будущего, когда Божий план для Израиля будет исполнен. Следующие вопросы относятся к этому периоду.

22. Назовите две цели, с которыми многие народы взойдут на гору Господню? (Исаия 2:2, 3)
    (1)_____
    (2)_____

23. Что выйдет от Сиона и из Иерусалима? (Исаия 2:3)
    (1)_____ (2)_____

24. В то время, когда народы на земле будут жить во мраке, что сделает Господь для Сиона? (Исаия 60:2)

_____

25. Как отреагируют на это другие народы и их правители? (Исаия 60:3)

_____

26. Какие два титула получат иудеи, когда земля Израильская будет восстановлена и застроена? (Исаия 61:4-6)
    (1)_____ (2)_____

27. По каким двум причинам многие племена и сильные народы будут приходить в Иерусалим? (Зах. 8:22)
    (1)_____ (2)_____

28. Что будут говорить другие народы иудеям? (Зах. 8:23)

_____

❗ **Отрывок для заучивания наизусть: Исх. 19:5, 6**
Напишите этот отрывок по памяти.

_____
_____
_____

❗ **НЕ ПЕРЕВОРАЧИВАЙТЕ ЭТУ СТРАНИЦУ ДО ТЕХ ПОР, ПОКА НЕ ОТВЕТИТЕ НА ВСЕ ВОПРОСЫ ДАННОГО ЗАДАНИЯ**

⬢ ПРАВИЛЬНЫЕ ОТВЕТЫ И ИХ ОЦЕНКИ (В БАЛЛАХ)
ЗАНЯТИЕ № 12

Вопрос №	ОТВЕТ	Баллы
1.	Все племена земные	1
2.	Авраам поверил Господу (или поверил в Господа)	1
3.	Множеству народов	1
4.	Между Авраамом и его потомками	1
5.	Господь будет Богом ему и его потомкам	1
6.	Исаак и Иаков	1
7.	Израиль	1
8.	(1) звезды небесные	1
	(2) песок морской	1
9.	Все народы земли	1
10.	Потому что Авраам послушался гласа Господня	1
11.	Чтобы он заповедал им ходить путем Господним, творя правду * и суд	2
12.	(1) Слушаться гласа Господня	1
	(2) Соблюдать завет Господа	1
13.	(1) Уделом Господа из всех народов	1
	(2) Царством священников	1
	(3) Народом святым	1
14.	Поставит их выше всех народов земли	1
15.	(1) Увидят, что имя Господне нарицается на Израиле	1
	(2) Убоятся Израиля	1
16.	Будут иметь успех во всем, что ни будут делать	1
17.	(1) Дабы познали на земле путь Господа	1
	(2) Познали во всех народах спасение Господне	1
18.	Он возвестит народам суд	1
19.	(1) Завет для народа	1
	(2) Свет для язычников	1
20.	(1) Быть Его свидетелями	1
	(2) Быть Его слугой	1
21.	(1) Знали Его	1
	(2) Верили Ему	1
	(3) Разумели, что это Он	1
22.	(1) Чтобы Он научил их Своим путям	1
	(2) Чтобы они ходили по стезям Его	1
23.	(1) Закон	1
	(2) Слово Господне	1
24.	Господь воссияет над Сионом и слава Его явиться над ним	2
25.	И придут народы* к свету Сиона, цари к восходящему над ним сиянию	2
26.	(1) Священниками Господа	1
	(2) Служителями Бога нашего	1
27.	(1) Взыскать Господа Саваофа	1
	(2) Помолится лицу Господа	1
28.	Мы пойдем с тобою, ибо мы слышали, что с вами Бог	2

Сверьте с Библией точность воспроизведения отрывка для заучивания наизусть. Если Вы воспроизвели дословно, то получаете 4 балла. (За каждую ошибку вычитается 1 балл. Если ошибок больше трех, то Вы не получаете ни одного балла.)	8
ОБЩИЙ ИТОГ	**54**
27 баллов = 50%, 38 баллов = 70%, 43 балла = 80%	

⊙ ПРИМЕЧАНИЯ К ПРАВИЛЬНЫМ ОТВЕТАМ

ЗАНЯТИЕ № 12. *(Номера с левой стороны страницы соответствуют номерам правильных ответов на предыдущей странице.)*

1. Божий план изначально включал все народы на земле.

2. Вера* была основанием взаимоотношений Авраама и Бога.

3. Имя Аврам означает «великий отец», Авраам означает «отец многих народов». С самого начала Божий план распространялся не только на прямых потомков Авраама, он включал и людей из всех народов.

4-5. Нет обязательства священнее завета, которое мог бы заключить Господь. Любые длительные взаимоотношения с Богом должны основываться на завете (см. Пс. 49:5)

6-7. Бог подтвердил заключение завета сначала Исааку (не Измаилу), потом Иакову (названному Израилем), а потом народу, происходящему от Иакова и названному Израильтяне.

8-9. Господь подчеркивал, что количество людей, которые благословятся через Авраама больше, чем тот может себе представить или исчислить.

10. Вера* Авраама проявлялась в его послушании – даже когда это означало пожертвовать своим сыном (см. Быт. 22:1-18)

11. То, как Авраам наставлял и поучал своих домочадцев, служит примером Божьего стандарта для любого отца. Именно поэтому Бог избрал его.

12. Послушание гласу Господню – вот ключ ко всем Божьим благословениям (сравните Исх. 15:26 и Втор. 28:1, 2)

13. Эти три обещания суммируют Божий план для Израиля.

14-15. Бог предназначил для Израиля быть лидером и примером для всех народов.

16. См. комментарий к вопросу №12.

17. Божьим намерением было то, что благословения, которые Он дарует Израилю, перейдут через него и к другим народам.

18-19. В конечном счете, Божий план для Израиля будет исполнен через избранного Раба , о котором идет речь в данном стихе.

20. См. комментарии к вопросам 14, 15 и 18, 19.

21. Для того чтобы Израиль исполнил Божье предназначение, необходимо, что он выполнил эти три условия.

22-23. Господь предназначил для Иерусалима быть центром духовного учения для всех народов.

24-25. Этот век завершится периодом великой скорби и мрака по всему миру, посреди которого Бог явит свою славу сначала Сиону, а потом через Сион всем народам и их правителям.

26. Восстановление Израиля станет исполнением первоначального Божьего плана, описанного в Исходе 19:6.

27-28. См. комментарии к вопросам 22-23.

ЗАНЯТИЕ №13: **ОТСТУПЛЕНИЕ И ИСКУПЛЕНИЕ**

Введение

Через Моисея Бог заключил с Израилем двусторонний завет. Если бы Израиль оставался верен завету, тогда он был бы благословлен более других народов. Но если бы иудеи были неверны, их должны были постичь суды* Господни, один суровее другого. Как показывает история, Израиль оказался неверен, и их постигли все суды*, обещанные Богом.

Однако, Бог пообещал, что в последние дни с Сиона придет Искупитель и Израиль получит прощение и очищение от всех грехов и вновь станет святым народом.

❗ *Отрывок для заучивания наизусть:* **Исаия 43:25**

☐   *Отметьте, когда выучите отрывок наизусть*
            (Ежедневно повторяйте стих из предыдущего задания)

⬡ ВОПРОСЫ К ЗАНЯТИЮ

А. Отступление Израиля

1. Моисей предупредил Израиль о том, что произойдет после его смерти. Что он предсказал? (Втор. 31:29)

   _____

   _____

2. Почему по прошествии времени Израиль постигнут бедствия? (Втор. 31:29)

   _____

   _____

3. Господь трижды предупреждал Израиль, что произойдет, если они будут идти определенным путём по отношению к Нему. Что это был за путь? (Лев. 26:21, 23, 27)

   _____

4. Если Израиль не внимал Божьим предупреждениям, им грозила череда ужасных последствий. Перечислите эти последствия, описанные в следующих стихах, 26-ой главы книги Левит:

   (1) стих 25

   (а) _____ (б) _____

   (в) _____

   (2) стих 29 _____

   (3) стих 31

   (а) _____ (б) _____

   (в) _____

   (4) стих 32

   (а) _____ (б) _____

   (5) стих 33

   (а) _____ (б) _____

5. Сколько бед, из указанных в ответах на вопросы с 1 по 4, в действительности постигли иудейский народ?

   _____

6. Даниил исповедовался* в различных грехах, совершённых его народом. О каких именно грехах идет речь в книге Даниила 9:5?

   (1) _____ (2) _____

   (3) _____ (4) _____

   (5) _____

7. Каким образом Израиль ослушался Гласа Господня? (Дан. 9:10)

8. Если бы Даниил был жив сегодня, сколько тех же самых грехов ему пришлось бы исповедовать от имени еврейского народа?

Б. Божье спасение*

9. Господь предупредил Израиль, что они будут изгнаны со своей земли, но пообещал, что никогда не сделает им двух вещей. О чем идет речь? (Лев. 26:44)
   (1) _____
   (2) _____

10. Что вспомнит Господь, что побудит Его помиловать Израиль? (Лев. 26:45)

11. О чем молился Давид, что должно прийти с Сиона?? (Пс. 13:7)

12. Что скажет Израиль о Божьем спасении* в день, когда Господь отвратит от них гнев Свой? (Ис. 12:1, 2)

13. В каких двух образах являет Себя Господь Израилю? (Ис. 43:3)
    (1) _____ (2) _____

14. Есть ли какой другой Спаситель? (Ис. 43:11)

15. Что Господь обещает сделать с преступлениями* Израиля? (Ис. 43:25)

16. Что Господь обещает сделать с грехами* Израиля? (Ис. 43:25)

17. Кому на Сионе Бог пообещал Искупителя? (Ис. 59:20)

18. Кто грядет на Сион? (Ис. 62:11)

19. И что будет у Него? (Ис. 62:11)

20. Что будет перед Ним? (Ис. 62:11)

21. В тот день, когда Бог восстановит Израиль, что Он сделает с их беззакониями и нечестием? (Иер. 33:7, 8)
    (1) _____ (2) _____

22. В тот день, когда Господь вновь введет Израиль в его собственную землю, как Он явит себя другим народам через него? (Иез. 39:27)

❗ **Отрывок для заучивания наизусть: Исаия 43:25**
Напишите этот отрывок по памяти.

❗ **НЕ ПЕРЕВОРАЧИВАЙТЕ ЭТУ СТРАНИЦУ ДО ТЕХ ПОР, ПОКА НЕ ОТВЕТИТЕ НА ВСЕ ВОПРОСЫ ДАННОГО ЗАДАНИЯ**

⬢ ПРАВИЛЬНЫЕ ОТВЕТЫ И ИХ ОЦЕНКИ (В БАЛЛАХ)
ЗАНЯТИЕ № 13

Вопрос №	ОТВЕТ	Баллы
1.	Они развратятся и уклонятся от пути, который завещал им Моисей	2
2.	Они будут делать зло пред очами Господа, раздражая Его делами рук своих	2
3.	Идти против Господа	1
4.	(1) (а) Наведет на них мстительный меч	1
	(б) Пошлет на них язву	1
	(в) Они будут преданы в руки врага	1
	(2) Будут есть плоть своих детей во время осады	1
	(3) (а) Города станут пустынею	1
	(б) Святилища будут опустошены	1
	(в) Не будет больше жертв Господу	1
	(4) (а) Земля их будет опустошена	1
	(б) Враги будут жить на земле Израильской и будут изумляться о ней	1
	(5) (а) Они будут рассеяны между народами	1
	(б) Вслед им будет обнажен меч	1
5.	Все	1
6.	(1) Мы согрешили	1
	(2) Мы поступали беззаконно	1
	(3) Мы действовали нечестиво	1
	(4) Мы упорствовали	1
	(5) Мы отступили от заповедей и постановлений Господних	1
7.	Они не поступали по законам Его, которые Он дал им через Своих пророков	2
8.	Во всех	1
9.	(1) Не презрит их	1
	(2) Не возгнушается ими, до того, чтоб истребить их, чтоб разрушить завет с ними	2
10.	Он вспомнит для них завет с предками, которых вывел из земли Египетской	2
11.	Спасение* Израилю	1
12.	Бог - спасение* моё	1
13.	(1) Святой Израилев	1
	(2) Спаситель Их	1
14.	Нет	1
15.	Он изгладит преступления их	1
16.	Он не вспомнит грехов их	1
17.	Тем, кто обратится от нечестия	1
18.	Спаситель*	1
19.	Награда Его	1
20.	Воздаяние* Его	1
21.	(1) Он очистит их	1
	(2) Он простит их	1
22.	Он явит в них святость* свою	1
	Сверьте с Библией точность воспроизведения отрывка для заучивания наизусть. Если Вы воспроизвели дословно, то получаете 4 балла. (За каждую ошибку вычитается 1 балл. Если ошибок больше трех, то Вы не получаете ни одного балла.)	4
ОБЩИЙ ИТОГ		**48**
24 балла = 50%, 34 балла = 70%, 38 баллов = 80%		

⊙ ПРИМЕЧАНИЯ К ПРАВИЛЬНЫМ ОТВЕТАМ

ЗАНЯТИЕ № 13. *(Номера с левой стороны страницы соответствуют номерам правильных ответов на предыдущей странице.)*

1-2.   Еще до того, как Господь заключил завет с Израилем, Он знал, что они его нарушат. И Он заранее подготовил способ, каким они смогут получить прощение и восстановление.

3.   Причиной нечестивых действий Израиля было неправильное отношение: хождение против Бога. В другом переводе этот стих звучит как «враждебно поступать против [Господа]» (Лев. 26:21)

4-5.   Точное описание, каким образом эти беды постигли Израиля частично записано в Библии, а частично в рукописях Иосифуса. Но на этом беды не закончились и впоследствии преследовали Израиль.

6-8.   Все грехи, в которых покаялся* Даниил можно обобщить одним словом: бунт.

9.   Господь предупредил народ Израиля, что накажет его за все беззакония, но Он также пообещал, что никогда не отречется от него, как от Своего народа (см. Иер.33:23-26).

10.   Несмотря на то, что Божий народ может оказаться неверным, Господь остается верен заключенному завету (См. Пс.88:35).

11-14.   Божье противоядие от отступничества Израиля можно обобщить одни словом - спасение*. Только Сам Господь Бог может быть Спасителем не запятнав Свою собственную святость.

15-16.   Божье спасение* настолько абсолютно, что Он изглаживает наши грехи и не вспоминает о них более.

17.   Господь, будучи милостивым Богом, предлагает Израилю Искупителя, но Израиль в свою очередь должен отвернуться от своих преступлений.

18-20.   Искупитель грядет, а с Ним спасение*, награда и воздаяние*.

21.   Спасение* включает в себя очищение и прощение.

22.   Бог с самого начала намеривался сделать Израиль благословением для других народов и явить свою святость через Израиль.

ЗАНЯТИЕ №14: **ПРОРОЧЕСКОЕ ОПИСАНИЕ ИИСУСА ХРИСТА**
(Часть 1)

Введение

Бог предвидел, что Израиль впадет в грех и поэтому не сможет осуществить Божий план. Однако, Господь милостив и Он пообещал послать им Искупителя из рода Давидова. Как и Давид, этот Искупитель будет помазан Святым Духом, и поэтому Его будут называть «Мессия» (Помазанник). В Новом Завете имя Христос означает то же самое, что и Мессия. Пришествие Мессии - центральная тема Ветхого Завета (Ветхий Завет на древне-еврейском назывался Танах). Пророки очень точно описывают, как придет Мессия, и что Он совершит.

В первом веке н.э., иудейские авторы, верившие обетованиям Ветхого Завета, описали того, Кто исполнил пророчества, и Кого они признали Мессией. Их рукописи были собраны в Новый Завет. Вопросы данного занятия частично относятся к Ветхому Завету, частично к Новому.

❶ *Отрывок для заучивания наизусть: Малахия 3:1*

☐   *Отметьте, когда выучите отрывок наизусть*
        (Ежедневно повторяйте стих из предыдущего задания)

◐ ВОПРОСЫ К ЗАНЯТИЮ

А. Родословная Мессии

1. Кому Господь пообещал особое семя? (Быт. 22:15-18)

    _____

2. Что пообещал Бог всем народам в этом семени? (Быт. 22:18)

    _____

3. Был ли Авраам предком Иисуса? (Мф. 1:1)

    _____

4. Что теперь предлагается язычникам через Иисуса? (Гал. 3:13, 14)

    _____

5. От которого из сыновей Аврамовых должно было произойти обещанное потомство? (Быт. 17:19, 21)

    _____

6. Был ли Иисус его потомком? (Мат. 1:2)

    _____

7. Кому из своих сыновей передал Исаак благословение Авраама? (Быт. 28:1-4)

    _____

8. Распространялось ли это благословение также и на потомков этого сына? (Быт. 28:4)

    _____

9.   Был ли Иисус потомком Иакова? (Лк. 3:34)

10. Из какого колена Израилева должен был придти Царь (Мессия)? (Быт. 49:10)

11. К какому колену принадлежал Иисус? (Лк. 3:33)

12. Потомком какого Израильского царя должен быть Мессия? (Пс. 88:36, 37), (Ис. 9:6, 7)

13. Был ли Иисус потомком этого царя? (Мф. 1:6-16)

Б. Рождение Мессии

14. Где должен был родиться Мессия? (Мих. 5:2)

15. Где родился Иисус? (Мф. 2:1), (Лк. 2:4-7)

16. Чем должно было быть уникально рождение Мессии? (Ис. 7:14)

17. Чем было уникально рождение Иисуса? (Мф. 1:18, 22, 23), (Лк. 1:26-35)

18. Указал ли Даниил способ рассчитать, когда грядет Мессия? (Дан. 9:25, 26)

19. Сколько времени должно было пройти после решения восстановить Иерусалим, прежде чем придет Мессия? (Дан. 9:25)

20. Пришел ли Иисус во время предсказанное Даниилом?

В. Служение Мессии

21. Должен ли был кто-либо предшествовать приходу Мессии? (Мал. 3:1)

22. Какая роль должна была отводиться этому посланнику? (Мал. 3:1)

23. Кто предварил приход Иисуса? (Мф.3:1-3; 11:7-10)

24. Какая задача была у этого посланника? (Мф.3:1-3; 11:7-10), (Лк.1:76)

25. Какой Ангел должен был придти как вестник перед приходом Господа в Свой храм? (Мал. 3:1)

    _____

26. Пообещал ли Господь Израилю заключить с ним новый завет? (Иер.31:31-34)

    _____

27. Дает ли этот завет полное прощение грехов? (Иер.31:34)

    _____

28. Пришел ли Иисус, чтобы быть ходатаем такого завета? (Евр. 9:13-15)

    _____

29. Что увидел Иоанн Креститель сходящим на Иисуса в виде голубя? (Иоанн 1:29-33)

    _____

30. Исаия описывает человека, помазанного Святым Духом. Перечислите, что он будет способен творить благодаря помазанию? (Ис. 61:1)

    (1)_____

    (2)_____

    (3)_____

    (4)_____

31. Прочтя эти слова в синагоге, что сказал Иисус о Самом Себе? (Лк. 4:16-21)

    _____

32. Чем Господь помазал Иисуса из Назарета? (Деян. 10:38)

    _____

33. Назовите две вещи, которые мог совершать Иисус благодаря этому помазанию? (Деян. 10:38)

    (1)_____

    (2)_____

34. Исайя предсказал, что Господь придет спасти Израиль и принесет исцеление от четырёх видов болезней. Перечислите эти виды? (Ис. 35:4-6)

    (1)_____

    (2)_____

    (3)_____

    (4)_____

35. Назовите четыре вида болезней, от которых исцелил Иисус (Мк. 8:22-25; 7:32-37), (Иоанн 5:5-9), (Мф. 9:32, 33)

    (1)_____

    (2)_____

    (3)_____

    (4)_____

36. На каком животном Мессия должен был въехать в Иерусалим? (Зах. 9:9)

    _____

37. На какое животное (или животных) ученики посадили Иисуса для его триумфального въезда в Иерусалим? (Мф. 21:6-11), (Мк.11:1-11)

    _____

❗ *Отрывок для заучивания наизусть: Малахия 3:1*
Напишите этот отрывок по памяти.

_____

_____

_____

_____

_____

❗ **НЕ ПЕРЕВОРАЧИВАЙТЕ ЭТУ СТРАНИЦУ ДО ТЕХ ПОР,
ПОКА НЕ ОТВЕТИТЕ НА ВСЕ ВОПРОСЫ ДАННОГО ЗАДАНИЯ**

⬡ ПРАВИЛЬНЫЕ ОТВЕТЫ И ИХ ОЦЕНКИ (В БАЛЛАХ)
ЗАНЯТИЕ № 14

Вопрос №	ОТВЕТ	Баллы
1.	Аврааму	1
2.	Благословение	1
3.	Да	1
4.	Благословение Авраамово	1
5.	От Исаака	1
6.	Да	1
7.	Иакову	1
8.	Да	1
9.	Да	1
10.	К колену Иуды	1
11.	К колену Иуды	1
12.	Давида	1
13.	Да	1
14.	Вифлеем Иудейский	1
15.	Вифлеем Иудейский	1
16.	Он должен был родиться от девы (девственницы)	1
17.	Он был рожден от девы	1
18.	Да	1
19.	69 седмин (или 483 года по иудейскому календарю)	1
20.	Да	1
21.	Да	1
22.	Приготовить путь Мессии	1
23.	Иоанн Креститель	1
24.	Приготовить путь Иисусу	1
25.	Ангел Завета	1
26.	Да	1
27.	Да	1
28.	Да	1
29.	Святой Дух	1
30.	(1) Благовествовать нищим	1
	(2) Исцелять сокрушенных сердцем	1
	(3) Проповедовать пленным освобождение	1
	(4) Узникам открытие темницы	1
31.	Ныне исполнилось Писание сие, слышанное вами	1
32.	Духом Святым и силою	1
33.	(1) Творить благо	1
	(2) Исцелять всех, обладаемых дьяволом	1
34.	(1) Слепоту	1
	(2) Глухоту	1
	(3) Хромоту	1
	(4) Немоту	1
35.	(1) Слепоту	1
	(2) Глухоту	1
	(3) Хромоту	1
	(4) Немоту	1
36.	На ослице и на молодом осле, сыне подъяремной	1
37.	На ослице и на молодом осле, сыне подъяремной	1
	Сверьте с Библией точность воспроизведения отрывка для заучивания наизусть. Если Вы воспроизвели дословно, то получаете 4 балла. (За каждую ошибку вычитается 1 балл. Если ошибок больше трех, то Вы не получаете ни одного балла.)	4
ОБЩИЙ ИТОГ		**51**
26 баллов = 50%, 36 баллов = 70%, 41 балл = 80%		

⊙ ПРИМЕЧАНИЯ К ПРАВИЛЬНЫМ ОТВЕТАМ

ЗАНЯТИЕ № 14. *(Номера с левой стороны страницы соответствуют номерам правильных ответов на предыдущей странице.)*

1-6.   Бог пообещал Аврааму, что через Исаака Он даст ему потомство, в котором впоследствии благословятся все народы. Иисус, Мессия, был потомком Авраама через Исаака, Он был тем Семенем, через которое было исполнено обещанное благословение всех народов (См. Гал. 3:16).

7-9.   Обещание Семени, через которое должно было прийти благословение, было передано через Иакова. Таким образом, Мессия должен был произойти из Еврейского народа.

10-13.   Бог предопределил, что царь Израиля должен прийти из колена Иудина. Вначале это предопределение было исполнено в Давиде, а потом в Иисусе, потомке Давида.

1-13.   Никто не подвергал сомнению родословную Иисуса по линии Давида, когда Он был на земле. Все генеалогические записи Израиля пропали в 70 году н.э., когда был разрушен второй храм, поэтому никто из родившихся после разрушения храма не может доказать, что Он Мессия.

         Родословная Христа в Евангелии от Луки говорит лишь, что Иисус, как думали, был сыном Иосифа (См. Лк. 3:23)

14-15.   В то время, когда родился Иисус, церковные еврейские лидеры ожидали, что Мессия будет рожден в Иудейском Вифлееме (См. Мф.2:1-6).

16-17.   Обратите внимание на следующие причины перевода слова «almah» в этом отрывке как «дева» (девственница) (См. Ис.7:14): (1) Еврейские переводчики Библии на греческий (Септуагинта) переводили его как parthenos, стандартное греческое слово, обозначавшее девственница; (2) Ни одно из пророчеств еврейского оригинала Библии (Танах) не упоминает отца Мессии, только его мать (см. Ис. 49:1, 5; Пс. 21:10); (3) Выражение «almah» означает молодую, незамужнюю девушку, что как раз подходило Марии; (4) В еврейском оригинале Библии (Танах) «almah» используется только, когда речь идет о девственнице (см. Быт 24:43; Исх. 2:8); (5) Другое еврейское выражение «bethulah» использованное в книге Иоиля 1:8 относится к женщине, которая уже познала мужа. Кроме того, выражение «bethulah» иногда используется для олицетворения народа (см. Ис.23:12, 47:1; Иер.18:13, 31:4,21).

18-20.   Как сказано в книге Даниила 9:25, 26, Мессия придет и будет предан смерти через 69 недель (буквально седьмин) годов. Так как еврейский год равен 360 дням, то по западному календарю число это будет равно 477 годам. Скорее всего, указ о восстановлении Иерусалима при Артаксерксе, царе Персии, был принят приблизительно в 445 году до н.э. Таким образом, дата пришествия Владыки Христа, должна быть около 32 г.н.э. Приблизительно в этом году Иисус триумфально въехал в Иерусалим и вскоре после этого был «предан смерти». Народом вождя, который придет, были римские легионеры под правлением Тита, который в 70 г.н.э. разрушил Иерусалим.

25-28.   Новый завет, обещанный в книге Иеремии 31:31-34, имеет три главных аспекта: (1) новая внутренняя природа («Вложу закон Мой во внутренности их, и на сердцах их напишу его»); (2) личные взаимоотношения с Богом («все сами будут знать Меня»); (3) прощение грехов («прощу беззакония их и грехов их уже не вспомяну более»). Все эти аспекты - часть завета, установленного Иисусом. А еще, как написано в книге Пророка Иезекииля 16:59, 60, Бог обвиняет Израиль в нарушении первого завета, но обещает восстановить с ними вечный союз.

29-35.   Святой Дух, сошедший на Иисуса, отметил Его как обещанного Мессию. Это помазание позволило Ему стать освободителем Божьего народа как от грехов, так и от болезней.

34-35.   Чудесные исцеления, сотворенные Иисусом, подтвердили Его подлинность, как Мессии.

36-37.   Было в русле традиций, царю ездить на осле (см. 3 Царств 1:33, 34).

ЗАНЯТИЕ №15: **ПРОРОЧЕСКОЕ ОПИСАНИЕ ИИСУСА ХРИСТА**
(Часть 2)

Введение
Апостол Петр писал о пророках Ветхого Завета, что пребывающий в них Дух Христов пред-возвестил Христовы страдания и последующую за ними славу (1 Петра 1:10, 11). Иногда пророки от первого лица рассказывали о переживаниях, которые на самом деле никогда не происходили с ними, но впоследствии произошли в жизни Христа. Сначала они описывали страдания Христа (Мессии), а потом вечную* славу, в которую Он должен был войти. Такие предсказания чаще всего встречаются в Псалмах Давида и у пророка Исаии. На этом занятии вы познакомитесь с разными примерами пророчеств.

❗ ***Отрывок для заучивания наизусть: Исаия 53:4, 5***

☐ *Отметьте, когда выучите отрывок наизусть*
(Ежедневно повторяйте стих из предыдущего задания)

▶ ВОПРОСЫ К ЗАНЯТИЮ

Г. Страдания Мессии

38. Должен ли был Мессия быть принят или отвергнут Своим собственным народом? (Ис. 53:1-3)

_____

39. Принял ли Израиль, как народ Иисуса или отверг Его? (Иоан. 1:11; 12:37, 38)

_____

40. Какой человек должен был предать Мессию? (Пс. 40:10)

_____

41. Кто предал Иисуса? (Мк. 14:10)

_____

42. Был ли этот человек другом Христа? (Мф. 26:47,50)

_____

43. За какую плату должен был быть предан Мессия? (Зах. 11:12)

_____

44. Сколько денег получил человек, предавший Иисуса? (Мф. 26:15)

_____

45. На что должны были быть потрачены деньги за предательство Мессии? (Зах. 11:13)

_____

_____

46. На что были потрачены деньги за предательство Иисуса? (Мф. 27:3-7)

_____

_____

47. Должен ли был Мессия защищать Себя перед обвинителями? (Ис. 53:7)

_____

48. Как Иисус отвечал своим обвинителям? (Мф. 26:62, 63; 27:12-14)

_____

49. Должны ли были бить Мессию и плевать на Него? (Ис. 50:6)

_____

50. Назовите два способа, которыми Иисус пострадал от рук своих притеснителей*? (Мк. 14:65; Иоан. 19:1)

_____

_____

51. Каких людей должны были казнить вместе с Мессией? (Ис. 53:12)

_____

52. Кем были двое мужчин, распятых вместе с Иисусом? (Мф.27:38)

_____

53. Назовите две части тела Мессии, которые должны были быть пронзены? (Пс. 21:17)

_____

54. Были ли пронзены руки и ноги Иисуса? (Лк. 24:39, 40; Иоанна 20:25-27)

_____

55. Что должно было произойти с ризами и одеждами Мессии? (Пс. 21:19)

_____

56. Что сделали римские легионеры с одеждами и хитоном Иисуса? (Иоан. 19:23, 24)

_____

57. Чем должны были поить Мессию? (Пс. 68:22)

_____

58. Чем поили Иисуса? (Иоанна 19:29)

_____

59. Что не могло произойти с костями Мессии? (Пс. 33:20, 21)

_____

60. Были ли сломаны кости Иисуса? (Иоанна 19:33, 36)

_____

61. Что должен был Господь возложить на Мессию? (Ис. 53:6)

_____

62. Что из-за этого должно было произойти с Мессией? (Ис. 53:8)

_____

63. Что Иисус вознес на крест? (1 Петра 2:24)

_____

64. Что произошло с Иисусом, как результат? (1 Петра 3:18)

_____

65. В гробнице какого человека должен был быть погребен Мессия? (Ис. 53:9)

_____

66. В чьей гробнице был погребен Иисус? (Мф. 27:57-60)

_____

67. Каким человеком он был? (Мф. 27:57)

_____

Д. Победа Мессии над смертью

68. После того как душа Мессии принесла жертву умилостивления, какие обетования были даны в Его отношении? (Ис. 53:10)

    (1)_____

    (2)_____

    (3)_____

69. Могли ли быть выполнены эти обещания, если бы Мессия оставался мертв?

_____

70. Какие два обещания дал Бог Своему Святому? (Пс. 15:10)

    (1)_____

    (2)_____

71. Были ли эти обещания выполнены в жизни Давида? (3 Царств 2:10; Деян. 2:29)

_____

72. В чьей жизни были исполнены эти обещания? (Деян. 2:30-32)

_____

73. Какую позицию власти обещал Бог Мессии? (Пс. 109:1)

_____

74. Могло ли быть выполнено это обещание, пока Мессия был на земле?

_____

75. Какую позицию власти занял Христос по вознесении? (Деян. 2:33-36)

_____

76. До какого момента должен Иисус пребывать на небесах? (Деян. 3:19-21)

_____

77. Как должен прийти Мессия для установления Своего царства? (Дан. 7:13)

_____

78. Как Иисус вернется с небес? (Мф. 26:63, 64)

_____

79. На какой горе станут ноги Мессии? (Зах. 14:4)

_____

80. На какую гору вернется Иисус? (Деян. 1:9-12)

_____

❗ *Отрывок для заучивания наизусть: Исаия 53:4, 5*

Напишите этот отрывок по памяти.

_____

_____

_____

_____

_____

❗ **НЕ ПЕРЕВОРАЧИВАЙТЕ ЭТУ СТРАНИЦУ ДО ТЕХ ПОР,
ПОКА НЕ ОТВЕТИТЕ НА ВСЕ ВОПРОСЫ ДАННОГО ЗАДАНИЯ**

⬢ ПРАВИЛЬНЫЕ ОТВЕТЫ И ИХ ОЦЕНКИ (В БАЛЛАХ)
ЗАНЯТИЕ № 15

Вопрос №	ОТВЕТ	Баллы
38.	Мессия должен был быть отвергнут	1
39.	Они отвергли Его	1
40.	Человек мирный (или друг)	1
41.	Иуда Искариот	1
42.	Да	1
43.	Тридцать серебренников	1
44.	Тридцать серебренников	1
45.	Они должны быть брошены в дом Господень для горшечника	2
46.	Они были брошены в храме и потрачены на покупку земли горшечника	2
47.	Нет	1
48.	Иисус молчал	1
49.	Да	1
50.	Они били Его и плевали на него	2
51.	Злодеев*	1
52.	Разбойниками (злодеями*)	1
53.	Его руки и ноги	2
54.	Да	1
55.	Люди должны были разделить Его ризы между собой и об одежде Его должны были бросать жребий	2
56.	Воины разделили ризы Его и бросили жребий об одежде Его	2
57.	Уксусом	1
58.	Уксусом	1
59.	Ни одна из костей Его не сокрушится	1
60.	Нет	1
61.	Грехи всех нас	1
62.	Он должен быть отторгнут от земли живых	2
63.	Грехи наши	1
64.	Был умерщвлен по плоти	1
65.	У богатого	1
66.	Иосифа из Аримафеи	1
67.	Богатым	1
68.	(1) Он узрит потомство	1
	(2)долговечное, т.е. Его дни будут продлены	1
	(3) Воля Господня благоуспешно будет исполняться Его рукою	1
69.	Нет	1
70.	(1) Он не оставит души Его в аде	1
	(2) Он не даст святому Своему увидеть тление	1
71.	Нет	1
72.	В жизни Иисуса	1
73.	Одесную Бога	1
74.	Нет	1
75.	Сказал Господь Господу моему: седи одесную Меня	1
76.	До времен совершения всего	1
77.	С облаками небесными	1
78.	Грядет на облаках небесных	1
79.	На горе Елеонской	1
80.	На гору Елеонскую	1

Сверьте с Библией точность воспроизведения отрывка для заучивания наизусть. Если Вы воспроизвели дословно, то получаете 4 балла. (За каждую ошибку вычитается 1 балл. Если ошибок больше трех, то Вы не получаете ни одного балла.)	8
ОБЩИЙ ИТОГ	**61**
31 балл = 50%, 43 балла = 70%, 49 баллов = 80%	

⊙ ПРИМЕЧАНИЯ К ПРАВИЛЬНЫМ ОТВЕТАМ

ЗАНЯТИЕ № 15. *(Номера с левой стороны страницы соответствуют номерам правильных ответов на предыдущей странице.)*

38, 47, 51, 61, 62, 65, 68.

Строки из книги Исаии 52:13 и 53:12 великолепные мессианские пророчества Ветхого Завета. Они описывают Раба Господнего, который отвержен Своим собственным народом, хотя на Нем нет никакого греха, и которому предстоит смертельный приговор за все их беззакония. Иудейские комментаторы пытались толковать обращение «Раб» из Исаии 52:13, как обобщённое описание всего еврейского народа, пострадавшего от рук других народов. Но такая интерпретация не может быть истинной по следующим причинам:

1. «Раб» описываемый здесь, не был повинен ни в одном злодеянии или коварстве (См. Ис. 53:9). К еврейскому народу это не относится.

2. «Раб» был изъязвляем за грехи* других (см. стихи 4-6). Причиной же страданий еврейского народа были их собственные грехи, как и предупреждал Моисей (см. Лев.26:14-43).

3. Многие станут праведными* пред лицом Бога благодаря личному знакомству с этим «Рабом» (который взял беззакония других на Себя). Это произойдет только благодаря вере* каждого в Мессию (см. Рим.3:21-24)

39. Израиль как нация отверг Иисуса. Однако была малая часть людей – остаток – которые последовали за Ним. Первое собрание верующих включало в основном мессианских евреев.

59-60. Ни одна кость пасхального Агнца, кровью которого сыны Израилевы были защищены от ангела смерти, не могла быть сломана (см. Исх. 12:46). Точно также не могла быть сокрушена ни одна кость Иисуса - Божьего жертвенного агнца (Иоанна 1:29; 1 Кор.5:7).

61-64. Каждый раз в День Искупления, когда первосвященник переносил грехи Израиля на козла отпущения, предвещалась жертва Иисуса (Лев. 16:21, 22). Только кровь жертвы могла искупить грех (Лев.17:11). Поэтому Иисус не только понес грехи народа, но и пролил свою кровь для полного и окончательного искупления (Евр. 9:13-22).

68-72. Божьим доказательством того, что Иисус и есть Мессия и Господь, было воскресение* Иисуса из мертвых (Рим. 1:3, 4).

73-75. Иисус не только воскрес из мертвых, Он вознесся на небеса к Богу Отцу. Место одесную Бога, по Его правую руку, олицетворяет всю власть и силу на небесах. Иисус занял свое место на небесах, правя среди Своих врагов, покуда все не покорится Его власти (см. Пс. 109:1).

76. Бог пообещал, что в конце этого века будет период восстановления. Восстановление Израиля будет центральным событием, а кульминацией станет возвращение Мессии во всей Его славе (см. Пс. 101:17).

77-80. Пророчеств о возвращении Мессии во всей Его славе намного больше, чем пророчеств о Его первом приходе в смирении.

ЗАНЯТИЕ №16: **ПРОРОК, ПОДОБНЫЙ МОИСЕЮ**

Введение

В книге Второзаконие 18:18, 19, Моисей открывает Израилю следующее обетование Бога:

«Я воздвигну им Пророка из среды братьев их, такого как ты, и вложу слова Мои в уста Его, и Он будет говорить им все, что Я повелю Ему; а кто не послушает слов Моих, которые Пророк тот будет говорить именем Моим, с того я взыщу».

Эти слова, переданные Моисеем, четко свидетельствуют о следующем:

Во-первых, Моисей описывает определенного пророка, которого Бог обещает впоследствии послать Израилю. Моисей везде употребляет единственное число: «пророка», «уста Его», «Пророк тот будет говорить». Эти слова не могут относиться ко всем пророкам, данным Израилю позже. Они должны относится к одному особому пророку.

Во-вторых, у этого особого пророка должна быть особая власть, больше той, что была у всех его предшественников. Если кто-либо в Израиле откажется слушать этого пророка, Бог взыщет* с того человека.

В-третьих, это пророк должен быть как Моисей, таким образом, чтобы это отличало его от всех других пророков, которые когда-либо были у Израиля.

В книге Деяния 3:22-26, Петр процитировал эти слова Моисея применительно к Иисусу из Назарета. Внимательное сравнение Ветхого и Нового Заветов показывает более двадцати черт общих для Моисея и Иисуса. Вопросы данного занятия, о сходстве двух пророков, сгруппированы под тремя заголовками: детство, личный опыт и служение.

❗ *Отрывок для заучивания наизусть: Второзаконие 18:18*

☐ *Отметьте, когда выучите отрывок наизусть*
(Ежедневно повторяйте стих из предыдущего задания)

↻ ВОПРОСЫ К ЗАНЯТИЮ

А. Их детство

1. Назовите языческих правителей, установивших своё правление над Израилем во время рождения каждого из пророков? (Исх. 1:8-14; Лк.2:1-7)

   (1) при Моисее _____ (2) при Иисусе _____

2. Что угрожало жизням Моисея и Иисуса в младенчестве? (Исх. 1:15, 16; Мф.2:16)

   _____

3. Благодаря чьим действиям были спасены их жизни? (Исх. 2:1-5; Евр.11:23; Мф. 2:13, 14)

   _____

4. У какого народа каждый из них нашел временный приют? (Исх. 2:10; Мф. 2:14, 15)

   _____

5. Какие интеллектуальные способности выказывал каждый из них? (Деян. 7:22; Лк. 2:46, 47; Мф. 13:54)

   _____

Б. Их личный опыт

6. Назовите два качества характера, присущих им обоим? (Чис. 12:3, 7; Мф. 11:29; Евр.3:1-6)

   (1) _____ (2) _____

7. Всегда ли этих пророков принимал народ Израильский? (Исх. 2:14, 32:1; Чис. 16:41; Иоан. 7:52; Мф. 27:21, 22)

   _____

8. Как порой к ним относились их родные братья и сестры? (Чис. 12:1; Мк. 3:21; Мф. 13:54-57; Иоан. 7:3-5)

   _____

9. О чем каждый из пророков просил Господа, когда речь шла о грехах Израиля? (Исх. 32:31, 32; Лк. 23:34)

   _____

10. На что был готов пойти каждый из них, чтобы успокоить гнев Божий против греха Его народа? (Исх. 32:31, 32; Лк. 23:34)

_____

11. Что сделал каждый из них в решающий момент своей жизни? (Исх. 34:28; Мф. 4:2)

_____

12. Были ли у обоих пророков особые личные отношения с Богом? (Чис. 12:7, 8; Иоан. 1:18; Мф. 11:27)

_____

13. Куда уходил каждый из пророков для общения с Господом? (Исх. 24:12; Мф. 17:1, 5)

_____

14. Брали ли они с собой учеников? (Исх. 24:13; Мф. 17:1)

_____

15. Как отражалось такое общение на их физических телах? (Исх. 34:29, 30; Мф. 17:2)

_____

16. Каким особым образом разговаривал с каждым из них Бог по крайней мере один раз в жизни? (Исх. 19:19, 20; Иоан. 12:28-30)

_____

17. Какие сверхъестественные создания охраняли место захоронения каждого из пророков? (Иуда 9; Мф. 28:2-7)

_____

В. Их служение

18. Назовите два других служения, кроме служения пророка, которые практиковали эти два человека?
    (1) Втор. 4:1, 5; Мф. 5:1, 2, Иоан. 3:1, 2 _____
    (2) Пс. 76:21; Ис. 63:11; Иоан. 10:11, 14, 17 _____

19. Какую особую важную истину о Господе открыл каждый из них Божьему народу? (Исх. 3:13-15; Иоан. 17:6)

_____

20. Какую пищу Бог сверхъестественным образом предоставил своему народу благодаря каждому из этих пророков? (Исх. 16:14, 15; Пс. 77:24; Иоан. 6:32, 33, 51)

_____

21. От какого рабства Моисей освободил Израиль? (Исх. 3:10; Втор. 6:21)

_____

22. От какого рабства Иисус освободил тех, кто верит в Него? (Иоан. 8:31-36)

_____

23. Как оба пророка помогали больным? (Исх. 15:25, 26; Чис. 21:6-9; Мф. 4:23; 8:16, 17)

_____

24. Был ли еще пророк, который сотворил такие же великие чудеса как они? (Втор. 34:10-12, Иоан. 5:36; 15:24; Деян. 2:22)

_____

25. Что каждый из них заключил между Богом и народом? (Исх. 24:7, 8; Мф. 26:26-28)

_____

26. Чем он был скреплен? (Евр. 9:11-22)

_____

❗ **Отрывок для заучивания наизусть: Второзаконие 18:18**
Напишите этот отрывок по памяти.

_____

_____

❗ **НЕ ПЕРЕВОРАЧИВАЙТЕ ЭТУ СТРАНИЦУ ДО ТЕХ ПОР, ПОКА НЕ ОТВЕТИТЕ НА ВСЕ ВОПРОСЫ ДАННОГО ЗАДАНИЯ**

⬤ ПРАВИЛЬНЫЕ ОТВЕТЫ И ИХ ОЦЕНКИ (В БАЛЛАХ)
ЗАНЯТИЕ № 16

Вопрос №	ОТВЕТ	Баллы
1.	(1) Фараон	1
	(2) Кесарь Август	1
2.	Злые правители издали законы, угрожавшие жизни каждого из них	1
3.	Благодаря действиям их родителей	1
4.	У египтян	1
5.	Редкая мудрость и понимание	1
6.	(1) Смирение	1
	(2) Верность Господу	1
7.	Нет	1
8.	Они критиковали / отвергали их	1
9.	Каждый просил, чтобы Бог простил народ	1
10.	Каждый был готов понести наказание за народ	1
11.	Каждый постился сорок дней	1
12.	Да	1
13.	На высокую гору	1
14.	Да	1
15.	Их лица сияли	1
16.	Бог говорил слышимым / внятным голосом с небес	1
17.	Ангелы	1
18.	(1) Учитель	1
	(2) Пастырь	1
19.	Имя Бога	1
20.	Хлеб небесный	1
21.	От рабства египетского фараона	1
22.	От рабства греха	1
23.	Они исцеляли их	1
24.	Нет	1
25.	Завет	1
26.	Кровью жертвы (распятие Христа)	1
	Сверьте с Библией точность воспроизведения отрывка для заучивания наизусть. Если Вы воспроизвели дословно, то получаете 4 балла. За каждую ошибку вычитается 1 балл. Если ошибок больше трех, то Вы не получаете ни одного балла.)	4
	ОБЩИЙ ИТОГ	**33**
	17 баллов = 50%, 23 балла = 70%, 26 баллов = 80%	

⊙ ПРИМЕЧАНИЯ К ПРАВИЛЬНЫМ ОТВЕТАМ

ЗАНЯТИЕ № 16. *(Номера с левой стороны страницы соответствуют номерам правильных ответов на предыдущей странице.)*

1-4. В каждом случае Сатана, большой враг народа Израильского, пытался уничтожить Божьего помазанника, освободителя, прежде чем тот сможет исполнить свое предназначение. Жизнь каждого была сохранена благодаря вере* и смелости их родителей.

5. Бог даровал как Моисею, так и Иисусу уникальные умственные способности.

6. Оба полагались не на свои силы, а на сверхъестественную силу Божью.

7-8. Неправильное отношение может удержать Божий народ от признания или почитания освободителя, которого послал им Господь.

9-10. Моисей и Христос – оба были готовы понести наказание за Божий народ, но только жертва Иисуса могла быть принята Богом, так как только Он был безгрешен (Евр. 7:26, 27).

12-16. Оба Моисей и Христос полагались на личное общение с Богом. Результат этого общения выражался разными уникальными способами.

19. Имя Бога открывает Его природу. Через Моисея Господь открыл Себя как вечного* и неизменного Бога; через Христа Он открыл Себя как Отца (см. Мф.11:27; Рим. 8:15).

20. Манна данная при Моисее поддерживала только временную физическую жизнь. Некоторые из тех, кто питался ей, впоследствии погибли по суду* Божьему (см. Чис. 14:22, 23, 32; 26:63-65). Но через Иисуса верующие получают вечную* жизнь (см. Иоан. 6:47-51).

21-22. Моисей освободил народ от физического рабства, Иисус освободил верующих от рабства духовного.

25-26. Израиль нарушил первый завет, заключенный между ними и Богом, но Господь пообещал заключить новый завет, который принесет прощение всех их грехов (Иер. 31:31-34). Иисус пришел, чтобы установить этот новый завет.

Вывод:

Это занятие приводит двадцать шесть явных соответствий Моисея и Иисуса. Невозможно найти другого пророка в Израиле, кроме Христа, который бы больше походил на Моисея. Поэтому нет причин отрицать, что Иисус и есть тот пророк, которого Моисей предсказал во Второзаконии 18:18, 19.

Однако если Иисус был пророком, предсказанным Моисеем, то нам чрезвычайно важно признать этот факт и действовать соответственно. Бог сказал об этом пророке: «А кто не послушает слов Моих, которые Пророк тот будет говорить именем Моим, с того я взыщу» (Втор. 18:19).

Таким образом, выбор лежит между судом Божьим и Его благословением: суд, если народ отвергнет Иисуса, Божьего пророка; благословение, если мы признаем Его.

❍ ТРЕТЬИ ПРОМЕЖУТОЧНЫЕ ИТОГИ

И снова… поздравляем!

Вы уже выполнили шестнадцать заданий, и вам осталось завершить лишь одну часть. Задумайтесь на минуту, что это значит!

В только что законченной вами части, вы провели подробный анализ нескольких наиболее глубоких и важных тем, из когда-либо освещавшихся в мировой литературе:

- История и предназначение Израиля
- Жизнь и характер трех величайших мужей в истории человечества – Авраама, Моисея и Иисуса
- Центральная тема всех библейских пророчеств – жизнь и служение Искупителя - Мессии.

Изучая эти темы, вы самостоятельно нашли в Библии ответы на почти две сотни конкретных вопросов.

А еще выучили наизусть двадцать три ключевых отрывка из Библии.

Смелее! До окончания курса осталась всего несколько занятий. После этого вы обнаружите, что уже более подготовлены пользоваться преимуществами познания Бога в этом мире.

А теперь, пара слов о том, что вас ждет дальше. Задания 17, 18 и 19 приведут вас к исторической кульминации: личному возвращению Иисуса. В них вы найдете знамения, которые будет сигналом для вас о Его возвращении. А потом вы ответите на вопросы последнего итогового занятия. И наконец, 20 занятие соберет воедино все нити в личном применении изученного. Не сдавайтесь! У вас отлично получается!!!

❶ ИТОГОВОЕ ЗАНЯТИЕ
Повторение пройденного материала

Прежде чем перейти к новому материалу в следующих заданиях, вам нужно убедиться, что вы полностью понимаете весь насыщенный материал, содержащийся в занятиях с 12-го по 16-ое. Чем лучше вы поймете его, тем лучше вам удастся воспринять новый увлекательный материал, ждущий вас впереди.

На третьем итоговом занятии используйте те же способы, что и ранее. Во-первых, внимательно перечитайте все вопросы предыдущих пяти занятий вместе с соответствующими правильными ответами. Убедитесь, что вы знаете правильный ответ на каждый вопрос и понимаете, почему именно этот ответ верный.

Во-вторых, повторите все отрывки Писания, которые вы выучили наизусть к последним пяти пройденным занятиям.

В-третьих, прочтите внимательно последующие вопросы и подумайте, как бы вы могли на них ответить. Каждый вопрос тем или иным образом относится к изученному материалу.

1. Как вы думаете, какие уроки из истории Израиля по-прежнему применимы к Израилю и другим народам и сегодня?
2. Какие акты милосердия мог проявляться Иисус благодаря помазанию Святым Духом?
3. Приведите десять примеров из жизни Иисуса, когда были исполнены особые пророчества Ветхого Завета.
4. Назовите десять важных сходств Моисея и Иисуса.

И последнее, запишите на отдельном листе свои ответы на данные вопросы.

*   *   *

За выполнение этого итогового занятия не дается баллов. Его цель помочь вам собрать воедино все, что вы узнали.

❶ КОГДА ВЫ БУДЕТЕ ДОВОЛЬНЫ СВОИМИ РЕЗУЛЬТАТАМИ, ПЕРЕВЕРНИТЕ СТРАНИЦУ И ПЕРЕХОДИТЕ К ЗАНЯТИЮ №17.

ЧАСТЬ 4

БУДУЩЕЕ

ЗАНЯТИЕ №17: ВТОРОЕ ПРИШЕСТВИЕ ХРИСТА

Введение

Иисус Христос в первый раз пришел на землю больше 2000 лет тому назад. Детали Его первого появления на земле были описаны ранее в Священном Писании – пророчествах Библии. Оно произошло в точности так, как и было предсказано в пророчествах.

Когда Иисус оставлял эту землю, чтобы вернуться на Небеса, Он гарантировал Своим ученикам, что вернется снова.

Кроме этих обещаний Самого Иисуса, на протяжении всей Библии мы находим множество пророчеств о Его втором пришествии. Фактически их даже больше, чем пророчеств о Его первом пришествии.

Так как пророчества о Его первом пришествии исполнились слово в слово, разумно предположить, что пророчества о Его втором пришествии исполнятся точно таким же образом.

Стихи, упоминаемые в этом задании, содержат четкие обетования возвращения Христа. В них также говорится, что произойдет с христианами в то время, и каким образом христиане должны готовиться к этому сегодня.

❗ Отрывок для заучивания наизусть: Лук. 21:36

☐ *Отметьте, когда выучите отрывок наизусть*
(Ежедневно повторяйте стих из предыдущего задания)

➲ ВОПРОСЫ К ЗАНЯТИЮ

А. Обетования возвращения Христа

1. С какой целью, по словам Христа, Он покидал Своих учеников? (Иоан. 14:2)
   _____

2. Что Христос пообещал Своим ученикам, когда покидал их? (Иоан. 14:3)
   _____

3. Что пообещали ангелы, когда Христос вознесся на небо? (Деян. 1:11)
   _____

4. Какого «блаженного упования» ожидают все христиане? (Тит. 2:13)
   _____

5. Какие три звука раздадутся, когда Христос сойдет с неба? (1 Фес. 4:16)
   (1) _____ (2) _____ (3) _____

Б. Что произойдет с христианами

6. Умрут ли все христиане до того, как придет Христос? (1 Кор. 15:51)
   _____

7. Что произойдет в этот момент с теми христианами, которые умерли? (1 Фес. 4:16)
   _____

8. Назовите два явления, которые произойдут со всеми христианами, независимо от того, мертвы они будут на тот момент или будут живы?
   (1) (1 Кор. 15:51) _____
   (2) (1 Фес. 4:17) _____

9. Разлучатся ли эти христиане когда-нибудь с Господом? (1 Фес. 4:17)
   _____

10. Как мы изменимся, когда мы увидим Господа какой Он есть? (1 Иоан. 3:2)
    _____

11. Каким станет тело христианина в результате этой перемены? (Фил. 3:21)
    _____

12. Какие два слова использует Павел для описания тела воскресшего христианина? (1 Кор. 15:53)

    (1) _____ (2) _____

13. Каким образом Библия описывает вечерю, на которую будут призваны христиане? (Отк. 19:9)

    _____

В. Как должны готовиться к встрече с Господом христиане?

14. Что сделала Невеста Агнца перед брачной вечерей? (Отк. 19:7)

    _____

15. Какая на ней была одежда? (Отк. 19:8)

    _____

16. Символом чего является чистый виссон? (Отк. 19:8)

    _____

17. Которые из десяти дев попали на брачный пир? (Мф. 25:10)

    _____

18. Как мы должны готовиться, если имеем упование встретить Господа в момент Его пришествия? (1 Иоан. 3:3)

    _____

19. Для кого второе пришествие Христа будет во спасение*? (Евр. 9:28)

    _____

20. Какие две вещи мы должны делать, если хотим увидеть Господа? (Евр. 12:14)

    (1) _____

    (2) _____

21. Какие три характеристики выделят истинных христиан в момент пришествия Христа? (2 Пет. 3:14)

    (1) _____ (2) _____

    (3) _____

22. Какое выражение использует Христос для описания неожиданности Своего пришествия? (Отк. 3:3; 16:15)

    _____

23. Кто знает день и час пришествия Христа? (Мк. 13:32)

    _____

24. О чём предупреждает всех христиан Христос в виду Своего пришествия? (Мк. 13:35-37)

    _____

25. Помимо бодрствования, о чём ещё предупреждает нас Христос? (Лк. 21:36)

    _____

26. Какие три вещи могут помешать христианам быть готовыми к приходу Христа? (Лк. 21:34)

    (1) _____ (2) _____

    (3) _____

🛈 **Отрывок для заучивания наизусть:** *Лук. 21:36*
Напишите этот отрывок по памяти.

_____

_____

_____

🛈 **НЕ ПЕРЕВОРАЧИВАЙТЕ ЭТУ СТРАНИЦУ ДО ТЕХ ПОР, ПОКА НЕ ОТВЕТИТЕ НА ВСЕ ВОПРОСЫ ДАННОГО ЗАДАНИЯ**

⬡ ПРАВИЛЬНЫЕ ОТВЕТЫ И ИХ ОЦЕНКИ (В БАЛЛАХ)
ЗАНЯТИЕ № 17

Вопрос №	ОТВЕТ	Баллы
1.	Он оставил учеников, чтобы приготовить место для них	1
2.	«Приду опять и возьму вас к Себе»	2
3.	«Сей Иисус, вознесшийся от вас на небо, приидет таким же образом, как вы видели Его восходящим на небо»	2
4.	Явления славы великого Бога и Спасителя нашего Иисуса Христа	2
5.	(1) Возвещение (команда)	1
	(2) Глас Архангела	1
	(3) Труба Божия	1
6.	Нет....	1
7.	Они воскреснут из мертвых	1
8.	(1) Они все изменятся	1
	(2) Они все будут восхищены на облаках в сретение Господу в воздухе	1
9.	Никогда	1
10.	Мы будем подобны Ему	1
11.	Оно будет сообразно славному телу Христа (т. е подобно Его прославленному* телу)	1
12.	(1) Нетление*	1
	(2) Бессмертие*	1
13.	Как брачную вечерю Агнца (Христа)	1
14.	Она приготовила себя	!
15.	Чистый и светлый (белый) виссон	1
16.	Праведность* святых	1
17.	Готовые	1
18.	Мы должны очищать себя, так как Он (Иисус) чист	2
19.	Для ожидающих Его	1
20.	(1) Иметь мир со всеми	1
	(2) и святость	1
21.	(1) Мир (умиротворение)	1
	(2) Неоскверненность	1
	(3) Непорочность	1
22.	«Как тать» (вор)	1
23.	Никто не знает, кроме Бога Отца	1
24.	Бодрствовать	1
25.	Всегда молиться	1
26.	(1) «Объедение» (обжорство)	1
	(2) Пьянство	1
	(3) Житейские заботы	1
	Сверьте с Библией точность воспроизведения отрывка для заучивания наизусть. Если Вы воспроизвели дословно, то получаете 4 балла. (За каждую ошибку вычитается 1 балл. Если ошибок больше трех, то Вы не получаете ни одного балла.)	4
ОБШИЙ ИТОГ		**43**
22 балла -= 50%, 30 баллов = 70%, 34 балла = 80%		

⊙ ПРИМЕЧАНИЯ К ПРАВИЛЬНЫМ ОТВЕТАМ

Занятие №17. *(Номера с левой стороны страницы соответствуют номерам правильных ответов на предыдущей странице.)*

1-5.   «...дабы устами двух или трех свидетелей подтвердилось всякое слово» (Мф. 18:16). О возвращении Христа имеется три свидетельства: (1) Самого Христа (Иоан. 14:3); (2) ангелов (Деян. 1:11); (3) апостола Павла (1 Фес. 4:16). Обратите внимание на то, что подчеркивается факт личного возвращения Христа: «СЕЙ Иисус...» (Деян.1:11), «Сам Господь...» (1 Фес. 4:16). Это «блаженное упование» (Тит. 2:13) является главной целью всей жизни христианина.

5.   (1) Сам Господь возвестит (или скомандует), потому что только Его голос может воззвать мертвых (См. Иоан. 5:28, 29). (2) Очевидно, это будет Архангел Гавриил, который несет особое служение возвещения предстоящих вмешательств Бога в дела людей (См. Лк. 1:19, 26). (3) Звук трубы собирает народ Божий (Числ. 10:2, 3).

6.   «Уснуть» (1 Кор. 15:51) означает умереть. (Сравните Деяния 7:60 и 1 Коринфянам 11:30). Это слово используется для описания смерти христиан, так как их ожидает пробуждение в утро воскресения*.

6-8.   События будут развиваться следующим образом: (1) Умершие христиане воскреснут с новыми, исполненными славой* телами. (2) Тела живых христиан во мгновение ока изменятся в такие же славные* тела. (3) Все христиане будут вместе восхищены на облаках для встречи Господа, Который спустится с неба.

10-12.   Исполненное славой* тело христианина будет подобно славному* телу Самого Господа. (Для более подробного изучения данной темы см. мою книгу «Основы учения Христова», часть 6 «Воскресение мёртвых»).

13.   Сравните Мф. 8:11 и Мф. 26:29.

14-21, 24-25.

Библия очень ясно учит, что для того, чтобы быть готовыми к возвращению Христа, христиане должны усердно готовиться. В Откр. 19:8 мы читаем об истинном значении «виссона» - праведные деяния святых. Это результат праведности* Христовой, получаемой по вере*, в повседневной жизни христианина. Сравните Фил. 2:12, 13: «Совершайте... потому что Бог производит в вас».

В таком разрезе, Божье Слово направляет христиан готовить себя следующими деяниями праведности:
(1) чистота (незапятнанность) (1 Иоан. 3:3; 2 Пет. 3:14);
(2) святость (Евр. 12:14);
(3) мир (т. е. правильные взаимоотношения со всеми людьми - Евр. 12:14; 2 Пет. 3:14);
(4) непорочность (т. е. верность во всех христианских обязанностях) (2 Пет. 3:14);
(5) надежда (страстное ожидание Христа) (Евр. 9:28);
(6) бодрствование (Мар. 13:37);
(7) молитвенность (Лк. 21:36).

22.   Христос придет как «вор», но возьмет только то, что принадлежит Ему. Это «те, которые Христовы, в момент Его пришествия» (1 Кор. 15:23).

23.   Отец скажет Сыну, когда это должно случиться. Тогда все Небеса придут в движение.

26.   (1) Христос всегда предупреждал в первую очередь об обжорстве, а затем о пьянстве. (3) Сравните Лк. 17:27, 28. Упомянутые здесь явления не являются греховными сами по себе. Греховно слишком увлекаться ими.

ЗАНЯТИЕ №18: **ЗНАМЕНИЯ ВТОРОГО ПРИШЕСТВИЯ ХРИСТА**

Введение

Библия говорит нам о многих особых событиях, которые будут происходить в мире непосредственно перед вторым пришествием Христа и которые являются для нас особыми знамениями, предупреждающими, что Он грядет скоро.

В этом занятии перечислены наиболее важные знамения. Они разделены на две группы:

А. Знамения в мире религии;

Б. Знамения в мире в целом.

После каждой группы знамений даются ссылки на стихи из Писания, в которых упоминаются эти знамения. На этом занятии от вас требуется следующее:

1. Прочитать знамения из раздела А.
2. Прочитать отрывки из Писания, ссылки на которые приводятся после раздела А.
3. На строке после описания каждого знамения, впишите место из Писания, где это знамение упоминается.
4. Сделайте то же самое с группой Б.
5. После описания каждого знамения в строку помещен пустой квадратик. Выполнив все задания данного занятия, снова прочитайте стихи со знамениями и сделайте пометку в квадратике, если считаете, что данное знамение исполняется сегодня в мире,

❶ ПРИМЕЧАНИЕ

Каждому знамению соответствует только одно место из Писания. Однако, в группе Б, стих из Мф. 24:7 упоминает о трёх различных знамениях. Этот стих нужно указать после каждого из трех знамений, к которым он имеет отношение.

❶ *Отрывок для заучивания наизусть: Лук. 21:28*

☐ *Отметьте, когда выучите отрывок наизусть*
(Ежедневно повторяйте стих из предыдущего задания)

❍ ВОПРОСЫ К ЗАНЯТИЮ

А. Знамения в мире религии

1. Излияние Святого Духа во всем мире

   _____ ☐

2. Проповедь Евангелия и миссионерская деятельность по всему миру

   _____ ☐

3. Христиан преследуют, ненавидят, предают на мучения и убивают во всех народах

   _____ ☐

4. Множество лжепророков

   _____ ☐

5. Великое отступничество* от Христианской веры

   _____ ☐

6. Многие христиане введеные в заблуждение дьяволом, уступили духам заблуждения

   _____ ☐

7. Охлаждение любви многих христиан

   _____ ☐

Библейские ссылки

Мф. 24:12;	1 Тим. 4:1;	Мф. 24:9;	Деян. 2:17;
Мф. 24:11;	2 Фес. 2:3;	Мф.24:14	

Б. Знамения в мире в целом

8. Великие войны между народами; восстанет народ на народ ☐

9. Умножение путешествий и знаний ☐

10. Зарождение Сионизма* и восстановление государства Израиль ☐

11. Освобождение Иерусалима от языческого* владычества ☐

12. Множество насмешников, отрицающих Слово Божье и обетование возвращения Христа ☐

13. Люди поглощены материальными удовольствиями и повседневными заботами, забывая о грядущих судах* Божьих ☐

14. Великий упадок моральных и этических стандартов в сочетании с упадком внешних форм религии ☐

15. Умножение беззакония ☐

16. Голод и моры ☐

17. Увеличение числа землетрясений на местах ☐

18. Уныние и недоумение (растерянность) народов ☐

19. Множество антихристов ☐

Библейские ссылки
Мф. 24:12;   Лк. 21:24;   1 Иоан. 2:18;   2 Пет. 3:2-7;   Дан. 12:4;
Мф. 24:7;   Лк. 17:26-30;   Пс. 101:17;   2 Тим. 3:1-5;   Лк. 21:25

❗ *Отрывок для заучивания наизусть: Лук. 21:28*
Напишите этот отрывок по памяти.

_____
_____
_____
_____
_____

❗ НЕ ПЕРЕВОРАЧИВАЙТЕ ЭТУ СТРАНИЦУ ДО ТЕХ ПОР, ПОКА НЕ ОТВЕТИТЕ НА ВСЕ ВОПРОСЫ ДАННОГО ЗАДАНИЯ

⬟ ПРАВИЛЬНЫЕ ОТВЕТЫ И ИХ ОЦЕНКИ (В БАЛЛАХ)
ЗАНЯТИЕ № 18

Вопрос №	ОТВЕТ	Баллы
1.	Деян. 2:17	1
2.	Мф. 24:14	1
3.	Мф. 24:9	1
4.	Мф. 24:11	1
5.	2 Фес. 2:3	1
6.	1 Тим. 4:1	1
7.	Мф. 24:12	1
8.	Мф. 24:7	1
9.	Дан. 12:4	1
10.	Пс. 101:17	1
11.	Лк. 21:24	1
12.	2 Пет. 3:2-7	1
13.	Лк. 17:26-30	1
14.	2 Тим. 3:1-5	1
15.	Мф. 24:12	1
16.	Мф. 24:7	1
17.	Мф. 24:7	1
18.	Лк. 21:25	1
19.	1 Иоан. 2:18	1
	Сверьте с Библией точность воспроизведения отрывка для заучивания наизусть. Если Вы воспроизвели дословно, то получаете 4 балла. (За каждую ошибку вычитается 1 балл. Если ошибок больше трех, то Вы не получаете ни одного балла.)	4
ОБЩИЙ ИТОГ		**23**
12 баллов = 50%, 16 баллов = 70%, 18 баллов = 80%		

❗ ТРИ ПОСЛЕДНИХ ВАЖНЫХ ВОПРОСА
В этом уроке упоминается 19 различных знамений пришествия Христа.
1. Сколько из них Вы пометили?
2. Показывает ли это вам, что Христос возможно скоро придет?
3. Если да, то готовы ли Вы?

🡆 ПРИМЕЧАНИЯ К ПРАВИЛЬНЫМ ОТВЕТАМ

Занятие №18. *(Номера с левой стороны страницы соответствуют номерам правильных ответов на предыдущей странице.)*

1. Выражение «всякая плоть» означает все человечество. Оно часто используется в этом смысле в пророческих книгах. См. Ис. 40:5, 6, Иер. 25:31, Иез. 21:4, 5. Все человечество испытает влияние этого последнего великого излияния Духа Божьего.

2. Естественным следствием излияния Духа Божьего является проповедь Евангелия всем народам. Обратите внимание на особый комментарий к этому знамению: «...и тогда придет конец» (Мф. 24:14).

3. Известно, что в двадцатом столетии было больше христианских мучеников, чем в любом предыдущем. Например, многие страны, взявшие на вооружение коммунистическую идеологию, возвели преследование и гонение христиан в ранг государственной политики.

4. 4-6. Эти три знамения свидетельствуют о том. что к концу этого века будет наблюдаться огромное возрастание сатанинского давления и обольщения, направленных на совращение христиан с пути верности Богу. Библия говорит, что христианство будет состоять только из двух основных групп: одна называется «невестой», а другая - «блудницей». «Невеста» ассоциируется с ее преданностью «Жениху*» (Христу). А «блудница», наоборот, ассоциируется с неверностью Христу. См. Отк. главы 17, 18).

7. Это знамение соответствует картине Лаодикийской церкви, последней из семи церквей Откровения, запинающим грехом которой является состояние тепловатости - она не холодна и не горяча (Отк. 3:14-22). Подобное охлаждение любви христиан, главным образом, вызывается следующими факторами: (1) жестокими преследованиями; (2) сатанинским обольщением; (3) жизнью христиан ради денег и материального комфорта.

8. Этот век стал свидетелем более великих и многочисленных войн, чем предыдущие столетия. В особенности это относится к двум Мировым войнам.

9. Обратите внимание на взаимозависимость этих двух факторов. Увеличение знания (науки) способствовало распространению передвижений (путешествий). А увеличение возможностей путешествовать способствовало возрастанию знания.

10-11. Величайшими чудесами современной истории являются зарождение Сио¬низма, возрождение государства Израиль и Шестидневная война в 1967 году. Кто-то сказал: «Евреи являются минутной стрелкой Божьих пророческих часов, и эта стрелка почти достигла полуночи».

12. В двадцатом столетии наблюдались систематические дерзкие атаки на Библию, чего не было в предыдущих столетиях. Ирония в том, что эти атаки являются фактически подтверждением ее точности, ибо она ясно предсказывает их.

13-15, 18. Об этих знамениях ежедневно свидетельствуют современные газеты. Сравните Лк. 17:26 с Быт. 6:5, 12, 13. Порочность человечества времен Ноя выражалась в основном: (1) в злых помыслах и желаниях; (2) сексуальном растлении и извращении; (3) насилии.

16. Голод и мор неразделимы, и оба часто вызваны войной.

17. Наблюдения прошлого века показывают поразительное увеличение числа землетрясений.

19. Действие «духа антихриста»(1 Иоан. 4:3) двояко: во-первых, оно направлено на смещение Христа с данного Ему Богом положения авторитета и верховной власти; во-вторых, этот дух стремится поставить другую личность на место Христа. В этом смысле, три главных политических идеологии этого и прошлых поколений — ислам, фашизм и коммунизм - являются антихристианскими (как и многие другие политические и религиозные силы, действующие в современном мире). Однако мир все еще ожидает последнего «антихриста», как это описано в 2 Фес. 2:3-12.

ЗАНЯТИЕ №19: ЦАРСТВО ХРИСТОВО НА ЗЕМЛЕ

Введение

Христово царство на Земле будет возвещено Его судом над всеми, кто отверг Божью милость и противостоял Божьим целям в предшествующий период. С другой стороны, все верующие, которые были либо воскрешены, либо сверхъестественно изменились в момент Второго Пришествия, будут наделены различными властными полномочиями в царстве Христа. С Иерусалимом в качестве Своей столицы, Иисус будет править всеми народами тысячу лет, неся справедливость, мир, процветание и познание Бога по всей Земле. В конце концов, Он приведёт Себя и Свое царство в подчинение Богу Отцу.

❗ Отрывок для заучивания наизусть: 2 Тим. 2:11, 12

☐ *Отметьте, когда выучите отрывок наизусть*
(Ежедневно повторяйте стих из предыдущего задания)

◑ ВОПРОСЫ К ЗАНЯТИЮ

А. Суды, которые возвестят царство Мессии

1. Приход Иисуса с Небес описан во 2 Фес. 1:6-10.
   (1) Как Он поступит с непознавшими Бога и непокорными? (ст. 8)

   _____

   (2) Каково будет их наказание? (ст. 9)

   _____

2. Что произойдет со зверем (антихристом) и лжепророком? (Отк. 19:20)

   _____

   _____

3. Как Иисус будет править народами на Земле? (Отк. 19:11-15; Пс. 2:7-9)

   _____

4. Когда Иисус утвердит Свой престол на земле, кто будет собран перед Ним для суда? (Мф. 25:31, 32; Иоил. 3:1, 2)

   _____

5. Народы будут судимы по тому, как они относились к определенному классу людей. Как Иисус описывает этот класс?
   (1) (Мф. 25:40) _____
   (2) (Иоил. 3:2) _____

6. Какой будет двойная награда тем народам, которые выполняли требования Иисуса?
   (1) (Мф. 25:34) _____
   (2) (Мф. 25:46)_____

7. Каким будет наказание народов, не выполнявших требования Иисуса? (Мф. 25:41, 46)

   _____

Б. Положение воскрешеных верующих

8. Если мы переносим страдания ради Иисуса, на какие две награды мы можем рассчитывать?

    (1) (Рим. 8:17)_____

    (2) (2 Тим. 2:12)_____

9. Какое положение пообещал Иисус апостолам, которые верно следовали за Ним? (Мф. 19:27, 28)

    _____

10. Какого типа верующим Иисус даст власть править народами вместе с Ним? (Отк. 2:26, 27)

    _____

11. Какая двойная награда ждёт тех верующих, которые были обезглавлены антихристом за свое свидетельство об Иисусе? (Отк. 20:4, 5)

    (1)_____

    (2)_____

12. Иисус рассказывал притчу о господине, который оставил своим слугам деньги с наказом пустить их в оборот (см. Лук. 19:12-27). Какова была награда:

    (1) слуги, который достиг десятикратного прироста? (Лук. 19:16, 17)

    _____

    (2) слуги, который достиг пятикратного прироста? (Лук. 19:18, 19)

    _____

13. Назовите две области над которыми воскресшие верующие будут осуществлять суд в веке грядущем?

    (1) (1 Кор. 6:2)_____

    (2) (1 Кор. 6:3)_____

В. Пророческое описание царства Мессии

14. С какого рода жезлом правит Христос? (Пс. 44:7; Евр.1:8)

    _____

15. Почему Бог помазал Иисуса более других? (Пс. 44:8; Евр. 1:9)

    _____

16. В каком месте Господь избрал поселиться навечно? (Пс. 131:13, 14)

    _____

17. Какие имена даны месту, где Господь будет царствовать? (Ис. 24:23)

    (1) (Пс. 47:2, 3)_____

    (2) (Мф. 5:34, 35)_____

18. В последние дни, какая гора будет возвышена над другими горами? (Ис. 2:2; Мих. 4:1)

    _____

19. Кто потечет к этой горе? (Ис. 2:2; Мих. 4:1)

    _____

20. Чему научит Бог эти народы? (Ис. 2:3; Мих. 4:2)

    _____

21. Какие две вещи выйдут от Сиона и из Иерусалима? (Ис. 2:3; Мих. 4:2)

    (1)_____

    (2)_____

22. Когда Мессия будет судить народы, какие две вещи они больше не будут делать? (Ис. 2:4; Мих. 4:3)

    (1)_____

    (2)_____

23. На какой особенный праздник будут приходить народы в Иерусалим каждый год? (Зах. 14:16)

    _____

24. Псалом 71 предвещает различные особенности царствования Сына Давидова – Мессии. Например:

    (1) Как будет Он править нищими? (ст. 2, 4)

    _____

    (2) Каких три типа людей избавит Мессия? (ст. 12)

    (а)_____(б)_____

    (в)_____

    (3) Какие люди будут процветать во время правления Мессии? (ст. 7)

    _____

    (4) Чего будет в изобилии? (ст. 7)

    _____

    (5) Какие две вещи все народы сделают для Мессии?

    (а) (ст. 11)_____

    (б) (ст. 17)_____

25. Каковы будут три постоянных результата праведного правления Мессии?(Ис. 32:17)

    (1)_____

    (2)_____

    (3)_____

26. Как долго будет длиться этот период Христова царства? (Отк. 20:4, 5)

    _____

27. Что сделает Христос в конце этого срока? (1 Кор. 15:24, 28)

    _____

28. Какова конечная цель Бога во всём этом? (1 Кор. 15:28)

    _____

❗ ***Отрывок для заучивания наизусть: 2 Тим. 2:11, 12***

Напишите этот отрывок по памяти.

_____

_____

_____

_____

_____

❗ **НЕ ПЕРЕВОРАЧИВАЙТЕ ЭТУ СТРАНИЦУ ДО ТЕХ ПОР,
ПОКА НЕ ОТВЕТИТЕ НА ВСЕ ВОПРОСЫ ДАННОГО ЗАДАНИЯ**

⬡ ПРАВИЛЬНЫЕ ОТВЕТЫ И ИХ ОЦЕНКИ (В БАЛЛАХ)
ЗАНЯТИЕ № 19

Вопрос №	ОТВЕТ	Баллы
1.	(1) В пламенеющем огне совершит отмщение	1
	(2) Они подвергнутся наказанию, вечной погибели, от лица Господа и от славы могущества Его	2
2.	Они «живые брошены в озеро огненное, горящее серою»	1
3.	Жезлом железным	1
4.	Все народы	1
5.	(1) Братья Мои меньшие	1
	(2) Мой народ, Моё наследие Израиль	2
6.	(1) Они унаследуют Царство	1
	(2) Они обретут жизнь вечную	1
7.	Вечное наказание в вечном огне, уготованном дьяволу и ангелам его	2
8.	(1) Мы будем прославлены вместе с Ним	1
	(2) Мы будем царствовать с Ним	1
9.	Они воссядут на двенадцати престолах, судить двенадцать колен Израилевых	2
10.	Тому, кто побеждает и соблюдает дела Христовы до конца	2
11.	(1) Царствовать со Христом тысячу лет	1
	(2) Участвовать в первом воскресении	1
12.	(1) Власть над 10 городами	1
	(2) Власть над 5 городами	1
13.	(1) Миром	1
	(2) Ангелами	1
14.	Жезл праведности	1
15.	Потому что Он «возлюбил правду и возненавидел беззаконие»	2
16.	Сион	1
17.	(1) Гора Сион	1
	(2) Иерусалим	1
18.	Гора дома Господня	1
19.	Все народы	1
20.	Его путям	1
21.	(1) Закон	1
	(2) Слово Господне	1
22.	(1) Поднимать меч друг на друга	1
	(2) Учиться войне	1
23.	Праздник Кущей	1
24.	(1) Справедливо	1
	(2) (а) нищего	1
	(б) угнетенного	1
	(в) того, у кого нет помощника	1
	(3) Праведные	1
	(4) Мира	1
	(5) (а) будут служить Ему	1
	(б) ублажат Его	1
25.	(1) Мир	1
	(2) Спокойствие	1
	(3) Безопасность	1
26.	Тысячу лет	1
27.	Предаст Царство Богу и Отцу и Сам покорится Ему	2

28.	«Да будет Бог все во всем»	1
	Сверьте с Библией точность воспроизведения отрывка для заучивания наизусть. Если Вы воспроизвели дословно, то получаете 4 балла. (За каждую ошибку вычитается 1 балл. Если ошибок больше трех, то Вы не получаете ни одного балла.)	8
	ОБЩИЙ ИТОГ	**62**
	31 балл = 50%, 43 балла = 70%, 50 баллов = 80%	

☼ ПРИМЕЧАНИЯ К ПРАВИЛЬНЫМ ОТВЕТАМ

Занятие №19. *(Номера с левой стороны страницы соответствуют номерам правильных ответов на предыдущей странице.)*

1. 2 Фес. 1:6-10, описывает славу и силу Христова возвращения. Все Его враги будут навечно изгнаны, но Его слава будет видна, как в ангелах, которые будут Его сопровождать, так и в верующих, которые будут восхищены для встречи с Ним. (Сравните 1 Фес. 4:16,17).

2. Откровение, 13 глава, открывает, что по мере завершения этого века, человеческая испорченность воплотится в личности чрезвычайно порочного, но сильного правителя, названного «зверем» (Отк. 13:11). Он также назван «человеком греха, сыном погибели» (2 Фес. 2:3), и «антихристом» (1 Иоан. 2:18). Он будет поддержан злым религиозным лидером, названным «лжепророком» (Отк. 16:13). Вместе, они будут пытаться уничтожить всех последователей Иисуса. (Сравните Дан. 8:23-25).

3. Откровение 19:11-15, описывает возвращение Иисуса, как Царя и Судьи, наделенного высшей властью и силой для разбирательства со всяким нечестием.

4. 4-7. Суд над народами, описанный здесь, определит какой народ будет допущен в Царство Господне, а какой будет исторгнут. Основанием их суда будет их отношение к меньшим братьям Иисуса, еврейскому народу. Иисус рассматривает все, что было сделано по отношению к еврейскому народу – плохое или хорошее – как сделанное Ему Самому.

7. 8-13. Когда Иисус вернется и установит Свое Царство, то все верующие, кто служил Ему верно при жизни, будут возвышены до положения чести и власти. Они разделят с Иисусом правление над вселенной. (Сравните Отк. 3:21). Степень почета и властных полномочий, присвоенных верующим будет зависеть от их верности в служении Иисусу в этом веке.

8. 14-15. Отличительная черта характера Христа будет отражена и в Его Царстве: праведность. Без праведности нет истинного и длящегося мира. (Сравните Рим. 14:17).

9. 16-17. У Царства Господа будет земная столица в Иерусалиме, или Сионе. Это очень важная причина молиться о мире для Иерусалима. (См. Пс. 121:6). Вся земля никогда не будет наслаждаться истинным миром, пока в Иерусалиме не установится мир.

18. В настоящее время, гора Сион ниже окружающих её гор, но в момент Второго пришествия, необычайные геологические процессы поднимут Сион над этими горами. (Сравните Зах. 14:3-11).

19-23. Иерусалим тогда станет мировым центром поклонения, правления и наставления в путях Божиих. Это приведет к всемирному разоружению и постоянному миру.

24-25. Следующее является главными особенностями Христова царствования: праведность, справедливость (особенно для непривилегированных), мир, процветание, повсеместное признание Христа, как Богом назначенного правителя. Установление Его Царства на земле, является единственным реальным решением проблем болезней, голода, несправедливости и войн.

26. Точные сроки Христова царствования шесть раз утверждаются в 20 главе книги Откровение, стихах 2, 3, 4, 5, 6 и 7.

27-28. Передача Царства Богу Отцу исполняет принцип, утвержденный в Послании к Римлянам, 11:36. Все имеет свой источник в Боге Отце, и все находит своё наполнение в Нём. Тем не менее, Отец общается со вселенной через Своего Сына, Мессию.

⬡ ОКОНЧАТЕЛЬНЫЕ ИТОГИ

Ваша вера и настойчивость вознаграждены! Вы завершили изучение материала всех девятнадцати основных занятий. Осталось только одно занятие – упражнение в личном применении полученных знаний.

Настало время сделать паузу и посмотреть насколько далеко вы зашли.

Вы видели, как Божье Слово и Дух Божий, действующие сообща, могут снарядить вас всем необходимым для плодотворной жизни и побед в служении Богу.

На 4-ом занятии, вы постигли значение и важность водного крещения. Затем, на 10-ом и 11-ом занятиях, вы узнали о своей ответственности занять ваше место в длинном и почётном ряду Божьих свидетелей, проходящем через столетия, и также об обильном обеспечении, которое предусмотрел Бог, ваших насущных нужд.

Вы узнали, как искупление, совершенное Мессией, обеспечило божественное исцеление и решение двух основных проблем человечества – греха и болезней. Вы изучили, как применять это лекарство в вашей собственной жизни и жизни других людей.

Вы проследили развитие основного плана хода истории от его неприметного начала в Аврааме, через пророков и государственных деятелей Израиля к явлению обещанного Мессии-Искупителя.

И, наконец, вы получили короткое, но восхитительное представление о событии, которым завершится нынешний век – Второе пришествие Иисуса в силе и славе, для установления Его царства на земле.

Изучая этот материал, вы отыскали в Библии ответы более, чем на 650 вопросов. Вы также выучили наизусть двадцать семь ключевых стихов Писания.

Теперь вас ждёт вызов, брошенный вам 20-ым занятием. Но прежде, чем переходить к нему, внимательно и аккуратно проработайте последнее Итоговое занятие на следующей странице.

❗ ПОСЛЕДНЕЕ ИТОГОВОЕ ЗАНЯТИЕ
Повторение пройденного материала

Будет важно для вас, перед тем, как перейти к 20-му занятию, удостовериться, что вы полностью усвоили весь материал, содержащийся в занятиях с 17-го по 19-ый. Это поможет вам подготовиться к итоговому шагу – личному применению.

Метод, использованный для последнего итогового занятия, аналогичен методу, примененному на предыдущих трёх итоговых занятиях

Во-первых, прочитайте внимательно вопросы предыдущих трех занятий (17 - 19), вместе с соответствующими правильными ответами.

Во-вторых, освежите в памяти все стихи Писания, которые вы должны были выучить наизусть.

В-третьих, прочитайте внимательно следующие вопросы и подумайте, как вы могли бы ответить на них. Каждый вопрос связан каким-то образом с материалом, который вы изучали.

1. Какие основные вещи вы должны делать, чтобы приготовить самих себя к возвращению Христа?
2. Перечислите десять знамений в мире, которые показывают, что Христос скоро грядет?
3. Что означает «виссон чистый и светлый» (Отк. 19:8), в который облачится Невеста? Готова ли ваша одежда?
4. Каким образом вы измените́сь при Воскресении?

Теперь, запишите ваши ответы, на данные вопросы, на отдельном листе бумаги.

* * *

За прохождение этого итогового занятия не ставится оценок. Его цель помочь вам собрать воедино все, что вы узнали.

❗ КОГДА ВЫ БУДЕТЕ ДОВОЛЬНЫ СВОИМИ РЕЗУЛЬТАТАМИ, ПЕРЕВЕРНИТЕ СТРАНИЦУ И ПЕРЕХОДИТЕ К ЗАНЯТИЮ №20: ЛИЧНОЕ ПРИМЕНЕНИЕ.

ЗАНЯТИЕ №20: **ПОВТОРЕНИЕ И ЛИЧНОЕ ПРИМЕНЕНИЕ**

Введение

Цель данного заключительного занятия - надежно закрепить в вас многие важные истины, которые вы изучили.

Повторение - это ключ к твёрдому знанию. Тщательно работая над этим последним занятием, вы существенно умножите пользу и благословение, которые вы уже получили, проходя данный курс. Также вы обнаружите для самих себя, насколько много вы действительно уже изучили и знаете. И не забывайте повторять стихи Писания, выученные наизусть!

❗ *Последний отрывок для заучивания наизусть: Иак. 1:25*

☐ *Отметьте, когда выучите отрывок наизусть*
(Ежедневно повторяйте стих из предыдущего задания)

Во-первых, прочитайте внимательно вопросы предыдущих 19-ти занятий вместе с соответствующими правильными ответами. Удостоверьтесь, что вы знаете и понимаете правильный ответ на каждый вопрос.

Во-вторых, освежите в памяти все стихи Писания, которые вы должны были выучить наизусть.

В-третьих, напишите ваши ответы в разделах А и Б ниже.

⟳ ВОПРОСЫ К ЗАНЯТИЮ

Раздел А:

На строчках, расположенных ниже, напишите четыре важных истины из Библии, которые вы узнали, изучая данный курс. В каждом случае, записывайте ссылки на стихи из Библии, в которых содержится конкретная истина.

Первая истина

_____
_____
_____
_____
_____
_____

Библейскиессылки_____
_____

Вторая истина

_____
_____
_____
_____
_____
_____

Библейскиессылки_____
_____

Третья истина

_____
_____
_____
_____
_____
_____
_____

Библейскиессылки_____
_____

Четвёртая истина

_____
_____
_____
_____
_____
_____
_____

Библейскиессылки_____
_____

Раздел Б:

На строчках ниже, коротко опишите любые важные изменения, которые произошли с вами в результате занятий по данному пособию.

_____
_____
_____
_____
_____
_____
_____

❗ *Внимание! За ответы в разделах А и Б баллы не даются.*

❗ *Последний отрывок для заучивания наизусть: Иак. 1:25*
Напишите этот отрывок по памяти.

_____
_____
_____
_____

ОТВЕТ	Баллы
Сверьте с Библией точность воспроизведения отрывка для заучивания наизусть. Если Вы воспроизвели дословно, то получаете 4 балла. (За каждую ошибку вычитается 1 балл. Если ошибок больше трех, то Вы не получаете ни одного балла.)	4
ОБЩИЙ ИТОГ	**4**

⬡ ОЦЕНКИ ЗА КУРС

Напишите количество баллов, которые вы набрали за каждое занятие на пустых строчках правой колонки. Затем подсчитайте и впишите общую сумму своих баллов, и сравните ее с образцами результатов (Зачёт, Хорошо, Отлично), данных для определения вашего результата.

№ Занятия	Баллы	Набранные баллы
Занятие №1	49	
Занятие №2	54	
Занятие №3	38	
Занятие №4	36	
Занятие №5	38	
Занятие №6	59	
Занятие №7	49	
Занятие №8	40	
Занятие №9	44	
Занятие №10	44	
Занятие №11	47	
Занятие №12	54	
Занятие №13	48	
Занятие №14	51	
Занятие №15	61	
Занятие №16	33	
Занятие №17	43	
Занятие №18	23	
Занятие №19	62	
Занятие №20	4	
Сумма	**877**	
ЗАЧЁТ	**50% и более (439)**	
ХОРОШО	**70% и более (614)**	
ОТЛИЧНО	**80% и более (702)**	

* * *

ПОЗДРАВЛЯЕМ С ЗАВЕРШЕНИЕМ КУРСА!

ГЛОССАРИЙ

Адамов	Происходящий от Адама, первого сотворенного человека
Вознесение	Подъем наверх, пример: Иисус поднявшийся (вознесшийся) с земли на небо
Богохульство	Клеветнические, оскорбительные слова на Бога
Исповедание, исповедовать	Говорить публично, открыто
Освобождение	Избавление, как от страданий, так и от зла
Вечность, вечный, вечно	То, что длится всегда
Вера	Убеждение, доверие, уверенность в чем-либо
Язычники	Варварские народы, особенно люди, не являющиеся евреями
Прославление, прославлять	Признание Божьего величия
Священный	Слово, используемое для описания того, что свято
Бессмертие	Состояние вечной жизни, не подверженное смерти
Суд	Определение вины кого-либо
Оправдание	Снятие вины или обвинения, провозглашение праведным
Мученик	Умерший за свою веру
Размышление, размышлять	Глубокие раздумья о чём-либо
Угнетение	Жестокое отношение к людям, лишение их свободы или преимуществ, доступных другим
Пророчество, пророчествовать	Принесение слова прямо от Бога, часто, касающееся будущего
Вознаграждение, компенсация	Что-то, полученное в качестве платы или награды за что-либо
Искупление	Освобождение кого-либо, потому что за него было заплачено другим; быть освобождённым от зла и наказания за грех
Отпущение (прощение) грехов	Отмена осуждения и наказания за грех
Покаяние, покаяться	Поворот в обратную сторону; изменение сердца и разума, сопровождаемое изменением поведения
Воскресение, воскреснуть	Восстановление к жизни, восстать из мёртвых
Праведный, праведность	Состояние оправдания благодаря благодати Божьей
Спасение	Освобождение, избавление; в Писании включает в себя прощение, исцеление, процветание, освобождение, безопасность, свободу и восстановление
Освящение, освящать	Отделять, посвящать, быть преданным, сделать или стать святым
Свидетельство	Доказательство, очевидность, или то, что кто-то может сказать из своего личного опыта, что доказывает, что то, во что они верят истинно
Сионизм	Движение, сфокусированное на благополучии Израиля

Дерек Принс

ПОСОБИЕ
ДЛЯ САМОСТОЯТЕЛЬНОГО ИЗУЧЕНИЯ БИБЛИИ

Подписано в печать 03.12.2010г. Формат 84х1081/32
Печать офсетная. Тираж 10 000 экз.
Заказ № 2888 (10173А)

Отпечатано в типографии "Принткорп",
ЛП № 02330/04941420от 03.04.02009.
Ул. Ф.Скорины 40, Минск, 220141. Беларусь.